人 文 通 识

陈峰 著

文治天下

宋朝政治文化漫谈

社会科学文献出版社

SOCIAL SCIENCES ACADEMIC PRESS (CHINA)

· 目 录 ·

得失之间：过度求稳导向下的宋朝施政及其成败

秦朝开创的中央集权体制与各项大一统制度，成为后世中国古代王朝的基本统治范式。自西汉至唐朝的千余年间，历代王朝无不希望长治久安，明智的当政者都力图在制定方针政策与制度设计上讲求成效，但因存在内外形势的复杂变化等因素，其施政导向又不尽相同，或积极主动，或患得患失，或刚柔相济，或倚重猛政，从而有成有败，甚至于"其兴也勃焉，其亡也忽焉"，留下无数的经验教训，并深刻影响到其后当政者执政路线的选择。就宋朝而言，在长期治国与应对现实错综复杂挑战的过程中，形成了求稳压倒一切的政治导向，由此造就了有宋一代鲜明的时代特征。

历经唐末五代近百年皇权更迭频仍、统治秩序败坏、社会剧烈动乱之后，宋朝又一次通过兵变建国。前车之鉴与亲身经历都使宋太祖对前世教训深为戒惧，因此反其道而行之，高度重视中央集权体制的重建，尤其关注内部秩序的整顿。以收将帅兵权、抑制地方等为主的一系列举措，贯彻的都是巩固皇权与中央集权的原则，手法则是以柔性赎买与渐进性树立规则为主，而非直接剥夺的方式，以避免政局与社会的动荡。与此同时，在因丧失燕云十六州带来的北部边防困境背景下，宋初也制定了统一天下的方略，即先征服弱小的南方割据政权，再筹划北伐强敌辽朝，其出发点同样是力求稳妥，防止战争风险影响到内部治理。当太宗时期两次大规模北伐失败后，一方面因丧失对外征战的信心，另一方面因更注重内部秩序稳定，从此奉行单纯防御的国防战略，放弃了收复长城防线，转而以内部建设及成就为治国的主要目标。当真宗朝抗击辽朝的决战以双方妥协而告终后，"澶渊之盟"的签订，标志着宋朝脱离了大一统王朝的发展道路。清代思想家王船山认为："夫宋祖受非常之命，而终以一统天下，底于大定，垂及百年，世称盛治者，何也？唯其惧也。"[1] 其实也点出了宋朝统治者因惧怕失控而力求稳定的传统。

宋太宗在登基诏中赞颂宋太祖的贡献是："事为之防，

1　王夫之：《宋论》卷一《太祖》，舒士彦点校，中华书局，1964，第2页。

曲为之制，纪律已定，物有其常。"[1] 也就是说凡事防患于未然，本质上则是畏惧开拓带来的风险，这便成为宋初确立并为以后继承的施政与制度建设的核心精神。因此，体现在国家组织与运行设计上，突出分权制衡的原则，其中最高中枢机构由宰相、枢密使分管的中书（后改为三省）与枢密院组成，使行政与军事大权分立与制约；地方大区的路级建制，分由转运、提点刑狱、安抚及提举常平四司共同主管，相互牵制；在州级机构中，专设通判一职，与长官相互制约。为了有效控制兵权，又推行"以文驭武"政策，在枢密院和各地军事系统中逐渐使用文臣主管，制衡武将群体与军队。还组建许多重叠机构，并推行官员的表面官职与实际差遣（职权）分离的制度，等等。这些正是分权制衡意图的体现，反映出宋朝过度追求稳定的政治导向。

从思想意识上看，宋朝统治集团长期引导朝野认同以上导向，否定内外并举与强硬的路线，并将其与传统儒家的纲常有序、仁政及重义轻利等正统理念相结合。如宋仁宗表示"深文峻法，诚非善政"，[2] 便是表明推崇包容的统治方式。苏轼在为皇帝经筵讲读中，强调"讲读之官，谈王而不谈霸，言义而不言利"，[3] 意在劝诫朝廷在内外政策

1　李焘：《续资治通鉴长编》卷一七，开宝九年十月乙卯，中华书局，2004，第382页。

2　李焘：《续资治通鉴长编》卷一二〇，景祐四年十月甲戌，第2837页。

3　苏轼：《上哲宗论王道六事》，赵汝愚编《宋朝诸臣奏议》卷三，上海古籍出版社，1999，第33页。

上规避急功近利的冒进举动。至于宋代理学家，在树立追求"三代"的政治理想下，更赋予纲常伦理秩序以强烈的现实意义。南宋人宣称："本朝以仁立国，君相同心。"[1] 其实也是在为这种过度注重秩序稳定的思路做注脚。

宋朝还对以往历代治乱兴衰进行总结，既汲取经验教训，也为自己的导向加以辩护。宋代前三朝，君臣之间的相关探讨已常见于文献记录，其中针对御辽边防的难题就最为典型。如端拱初，宋太宗下诏要求文武群臣提出化解北部威胁的对策，宰相李昉"引汉、唐故事，深以屈己修好、弭兵息民为言，时论称之"。[2] 淳化四年（993），宋太宗与大臣讨论开疆拓土的议题，宰臣吕蒙正以隋唐为例，指出隋唐两朝数十年间，四伐辽东，人不堪命，认为"且治国之要，在内修政事，则远人来归，自致安静"。[3] 此后，《新唐书》、《新五代史》和《资治通鉴》等前代史书，都反映出宋朝主流意识对借鉴历史的认识。宋神宗亲自赐名《资治通鉴》一书，正看重其资政的功用。还有范祖禹《唐鉴》等史籍以及两宋大量士大夫文集中的篇章，也有相关的点评。简要言之，对于秦朝二世而亡的教训，重在总结其急功近利下实施暴政的危害。在对西汉经济、文教建设肯定的同时，对盛极一时的汉武帝时期的内外举

1　曹彦约：《经幄管见》卷三，《景印文渊阁四库全书》第686册，台湾商务印书馆，1986，第50页。

2　《宋史》卷二六五《李昉传》，中华书局，1977，第9137页。

3　《宋史》卷二六五《吕蒙正传》，第9147页。

措则予以批判，"穷奢极欲，繁刑重敛，内侈宫室，外事四夷"。[1]隋炀帝内有营建东都洛阳、兴修大运河等宏大的工程，对外有过度用兵等举动，百姓深受兵役、劳役之苦，终于导致天下沸腾而亡国，遂成为宋人笔下突出的反面教材。唐朝是宋人评价最高的王朝，其疆域版图、典章制度以及文化成就，都盛极一时，但其频繁的对外用兵也广受宋人批评，如宋代史家虽承认唐太宗的功业超越以往帝王，却对其征伐活动大加谴责："好大喜功，勤兵于远，此中材庸主之所常为。"[2]吕公著在宋英宗经筵上告诫："古之人君，一怒则伏尸流血，故于兴师动众，不可不谨。"[3]还是在提醒君主注意好大喜功的危害。

正是在以上导向之下，两宋存在的三百多年间，由于内部稳定期长于以往历代，民众较少受到暴政下兵役、劳役的干扰，因此社会经济、文教及科技等领域得以持续发展，其成就受到海内外学界的高度评价，如著名史家陈寅恪先生所指出："华夏民族之文化，历数千载之演进，造极于赵宋之世。"[4]与此同时，权臣、外戚、宦官专权与地方割据等以往政治痼疾大都不明显，而局部的农民起义活动虽不少见，但类似前代席卷全国性的大起义不曾发生，

---

1 《资治通鉴》卷二二，汉武帝后元二年，中华书局，2011，第 758 页。

2 《新唐书》卷二《太宗纪二》"赞曰"，中华书局，1975，第 48—49 页。

3 李焘：《续资治通鉴长编》卷二〇一，治平元年四月甲申，第 4864 页。

4 陈寅恪：《邓广铭宋史职官志考证序》，《金明馆丛稿二编》，上海古籍出版社，1980，第 245 页。

反映了社会矛盾冲突相对缓和，这使得宋朝江山延续更久。但是，矫枉过正的现象在宋朝也突出地显现出来。宋朝过度求稳的导向，深刻影响到当时国家与社会的发展道路，过度求稳下的患得患失，得归得，失也失矣。首先，因为"崇文抑武"，坚持被动防御战略，先进的生产和雄厚的经济力量没有转化为强大的国防实力，正如元代人修宋史时评价道："宋恃文教而略武卫。"[1] 故宋朝不仅失去了大一统的疆域，对外长期陷于被动挨打局面，还签订了许多屈辱和议，并最终两次亡于边患。南宋学者因此总结出："汉唐多内难而无外患，本朝无内患而有外忧。"[2] 其次，制衡规则过度，不仅导致官僚组织、人员叠床架屋，开支巨大，而且造成官场萎靡风气盛行，繁文缛节下，官员难以作为，人浮于事，效率低下，这些积弊最为后世所诟病。最后，这种导向也深深影响到社会风尚，致使宋代民风与文化趋于细腻内向，从而与汉唐时代的雄浑大气形成鲜明的对照。

1　《宋史》卷四九三《蛮夷传一》"序"，第 14171 页。

2　吕中：《类编皇朝大事记讲义》卷一《国势论》，张其凡、白晓霞整理，上海人民出版社，2014，第 42 页。

开明与专制之间的宋朝政治

　　长期以来，凡提到秦代以降的中国古代王朝政治时，常会用"君主专制"或"封建专制"加以概括。此说当然没有问题，因为在以皇帝为代表的中央集权体制下，百官和民众都要服从皇权，乃至于"君要臣死，臣不得不死"，这就体现了君主专制的重要特征。不过，在漫长的历代政治演进中，君主专制也并非全如字面上理解的那般绝对，抛开无数王朝末年皇权沦落的情况不说，实际上还存在某种阶段性的变化，即在维护君主至高无上地位的同时，亦出现了君臣协商甚至相互妥协的情况，君主因此不可能完全专权，宋朝便是其中最具代表性的时代。

宋朝能够形成君臣协商的朝政特点，第一，缘起于开国皇帝赵匡胤的意识及其带来的传统影响。清人王船山对此指出，赵匡胤既非贵胄出身，又非胆魄超群的乱世奸雄，称帝之前并无显赫功业，故他不仅无法与汉唐开国帝王相比，即便如曹操、刘裕之流，也非其可以比拟。宋太祖之所以能抚定天下，主要与其畏惧心有关，所谓"惧以生慎，慎以生俭，俭以生慈，慈以生和，和以生文。而自唐光启以来，百年嚣陵噬搏之气，浸衰浸微，以消释于无形"。[1] 这段话大致符合宋太祖的基本特性及其施政缘由。可以说，纯属因缘际会成就的帝业，使得一贯谨慎的宋太祖充满戒惧，不敢如五代暴君那样恣意妄为，加之其通过读史了解到以往王朝亡国的教训，都促成了其理性、务实的行事风格。

据宋人沈括记载，宋太祖在位期间曾问宰相赵普：天下何物最大？赵普深思后答道："道理最大。"宋太祖听罢，表示信服，"屡称善"。[2] 赵普的说法，意在告诫帝王不可妄自尊大，须服从世间道理，而宋太祖虚心接纳，则表明认同这一理念。就此而言，宋太祖突破了之前那些武君独断专行的思维认识，以理性而长远的眼光看待皇权，有意接受朝臣的意见，由此消解了唐末以降朝堂上

1　王夫之：《宋论》卷一《太祖》，第 1—3 页。
2　沈括：《梦溪笔谈·续笔谈》，金良年点校，中华书局，2015，第 327 页。

的戾气，从而走出五代暴政的阴影。宋太祖开始注重制度建设，恢复文官治国的传统，并立下不得杀戮文臣及上书言事者的"誓碑"。宋太祖的理性观念，对其后大多数嗣君都产生了很大的影响，如以后的宋孝宗仍表示遵从"道理"，臣僚为此感叹："天下惟道理最大，故有以万乘之尊而屈于匹夫之一言。"[1] 因此，讲求祖宗之法的宋朝皇帝往往顾及外界观感，典型者如宋仁宗"性畏慎"，[2] 不仅素来畏惧台谏官的诤言，甚至在私生活上也颇受朝臣的约束。如他欲废郭皇后时，就寻求宰相吕夷简的支持；随后改立皇后时，也被迫接受辅臣推荐的人选。宋真宗欲行封禅之举时，即使得到王钦若等宠臣的竭力迎合，也不敢像秦皇、汉武那样大胆行事，还要用贵重的珍珠收买宰相王旦，以争取其理解和配合。宋英宗想给生父追赠皇考之礼，却因受到许多朝官的反对，最终不得不妥协，相较于后来明世宗对待相同事项的强硬做法，可谓大相径庭。纵然是宋徽宗之流的昏君，想要搞非分活动时亦多寻觅冠冕堂皇的理由，"君臣逸豫，相为诞谩"。[3] 如此一来，宋朝历史上虽有庸主、昏君，却基本无专横的暴君。

第二，宋朝帝王对文官集团的倚重，促成了君臣协商

1　佚名撰，孔学辑校《皇宋中兴两朝圣政辑校》卷四七《孝宗皇帝七》，中华书局，2019，第1059页。

2　苏辙：《龙川略志》卷四《契丹来议和亲》，俞宗宪点校，中华书局，1982，第21页。

3　《宋史》卷二二《徽宗纪四》"赞曰"，第418页。

的基础。自宋太宗朝以后，以科举出身为背景的士大夫在政治上崛起，并成为统治的主体力量，而传统上的贵族、军功集团已不复存在，就此形成宋朝士大夫群体"一枝独秀"的格局。如北宋中叶人所云："大臣，文士也；近侍之臣，文士也；钱谷之司，文士也；边防大帅，文士也；天下转运使，文士也；知州郡，文士也。虽有武臣，盖仅有也。"[1] 故宋真宗以降的皇帝，既自幼深受儒家价值观的熏陶，又通常主要依赖文官大臣辅政，这就使得士大夫群体拥有强大的政治影响力，由此也不难理解文彦博为何敢于对宋神宗说出"为与士大夫治天下"[2] 的名言。这种文官政治局面的出现，遂使君主在保持天下主宰的威仪之下，须与执政的大臣及朝官商议朝政，也就难以一意孤行、独断专制。

如宋仁宗依靠辅臣商议决策，甚少强加自己的意志。他曾对此表示："屡有人言朕少断。非不欲处分，盖缘国家动有祖宗之故事，苟或出令，未合宪度，便成过失，以此须经大臣论议而行。"[3] 如果说"仁厚"的宋仁宗在这方面的表现最为突出，因而深得士人的赞颂，那么果毅的宋神宗在支持王安石变法期间，面对反对派的非议，亦不

1　《蔡襄集》卷二二《国论要目》，吴以宁点校，上海古籍出版社，1996，第384页。

2　李焘:《续资治通鉴长编》卷二二一，熙宁四年三月戊子，第5370页。

3　朱熹:《三朝名臣言行录》卷一〇之一，《四部丛刊初编》第279册，上海书店出版社，1989，第2页。

能不屡次退让，事实上也仍给予他们发表见解与参政的权利。可见宋朝常态下的皇帝，往往注意听取臣僚意见，既在于避免走向偏颇，也体现了对他们的尊重。宋仁宗"待儒臣以宾友"，[1]宋钦宗说朝廷"于士无负"，[2]还有宋人所总结的"待士大夫有礼，莫如本朝"，[3]其实皆从侧面反映了宋朝皇帝与臣僚协商国事的事实。当然，在两宋非常态下的某些时间段里，昏君与当政的腐朽官僚之间同流合污，相互推波助澜涌向黑暗，朝政也就失去真正意义上的协商含义，不过这又是另一个话题了。

第三，宋朝的政治传统，有助于君臣协商关系的程序化。宋初汲取五代教训而产生的"防弊"思想，是以防患于未然为施政出发点，唯恐以往的旧弊复发，所谓"事为之防，曲为之制"。[4]邓广铭先生对此精辟地指出："以防弊之政，为立国之法。"[5]由此形成了贯穿于政治运行中的分权制衡原则，诸如中书与枢密院的相互牵制、路级机构的多元分化、州郡长吏与通判的彼此掣肘、发兵权与统军权的拆分、军中的文武制衡、监军对主将的监视以及官

1　范祖禹：《帝学》卷六，《景印文渊阁四库全书》第 696 册，第 765 页。

2　李纲：《梁溪先生文集》卷一八〇《建炎时政记下》，《宋集珍本丛刊》第 37 册，线装书局，2004，第 780 页。

3　孔平仲：《珩璜新论》卷一，《丛书集成初编》第 284 册，上海商务印书馆，1939，第 6 页。

4　李焘：《续资治通鉴长编》卷一七，开宝九年十月乙卯，第 382 页。

5　邓广铭：《宋朝的家法和北宋的政治改革运动》，《邓广铭治史丛稿》，北京大学出版社，1997，第 125 页。

职与差遣的分离等制度，无不体现了分权制衡的原则。因此，宋朝强调规则，举凡祖宗之法、儒学要义、制度条例以及众意共识，都可纳入规则要求的范畴，君臣通常皆须折服。这种过度的防微杜渐意识及其制度设计，固然不利于提高效率，却能防止权力失控，达到维稳的目的，因而成为宋朝的政治传统。

宋人讲过这样一个故事：太祖令后苑打造一个薰笼，竟数日无果。太祖怒加责问，才得知须经过层层机构转达，还要再返回逐级报批。太祖对宰相赵普说："我在民间时，用数十钱可买一薰笼。今为天子，乃数日不得，何也？"赵普答道：这是历来的"条贯"（规矩），并非为陛下设置，而是为陛下子孙所设，后代嗣君若想要造奢侈物，浪费钱财，便须历经周折。太祖听罢大喜："此条贯极妙。"[1]这项记载是否确切已经难辨，不过多少能反映当年制度运作的特点。事实上，自北宋中叶以降，程序上的繁文缛节之病日益严重，令不少官员都深感无奈，如叶适痛心地指出："而本朝之所以立国定制、维持人心，期于永存而不可动者，皆以惩创五季而矫唐末之失策为言，细者愈细，密者愈密，摇手举足，辄有法禁。"[2]但这一政治传统的存在，使得危及皇权的任何一方势力都无法坐大，对宋朝皇帝也构成了某种制约，致使其行事有所顾忌。在

1　马永卿辑，王崇庆解《元城语录解》卷上，《丛书集成初编》第601册，第12页。
2　叶适：《水心别集》卷一二《法度总论二》，《叶适集》，刘公纯等点校，中华书局，2010，第789页。

宋朝的这种政治传统之下，皇帝与臣僚协商自然成为政治规则不可或缺的程序。

除了以上几点之外，以往寄生于皇权的外戚、宦官以及近习势力，因总体上受到祖宗之法与士大夫群体的约束，都难以左右庙堂，这也使得宋朝皇帝与臣僚议政时避免了诸多的干扰。

其实，任何一个君主都没有不想专权的想法。宋朝一如历代世袭王朝的集权体制那样，皇帝作为国家的最高统治者，这就决定了臣僚在协商朝政时必须遵从皇帝，即便是最终由大臣决定的事项，也仍须形式上由君主的口中下达实施。如南宋后期权臣当道之时，宋宁宗、亲政前的理宗及度宗就基本扮演了这样的象征性角色。而宋朝常态下的皇帝亦与大臣存在某种博弈，如刚愎自用而猜忌心重的宋太宗，不仅往往习惯独断，而且有事必躬亲的特点，以至于宋初那些自保意识浓厚的辅臣多屈从其旨意。宋真宗在位期间，在依靠文官大臣辅政的同时，出于防范他们独揽大权的考虑，有意任用不同派系者进入二府，以便在朝堂造成异议、分歧，借此平衡各方力量，此即所谓"异论相搅"。宋神宗朝出现的新旧党争，其背后的用意可谓与此相类。至于追求议和偏安局面的宋高宗，重用以秦桧为首的主和派执政，对主战派予以打击，此亦与彰显个人意志存在关系。正是在如此错综复杂的政治背景下，宋朝君臣之间的协商起起伏伏。

综上，宋朝历史上的君主与以往有所不同，他们既受到繁文缛节的传统规矩约束，又基于对一家独大的文官士大夫集团之依赖，都使得其在大多数情况下愿意接受协商朝政的做法，皇权就此得到一定的制约。"君要臣死，臣不得不死"的说法，在宋朝只能是理论上存在。事实上，不得杀戮文臣、上书言事者的祖训已经泛化，但凡不是犯上作乱，即使官员失职、犯罪，将领临阵脱逃，大多数情况下最重的惩罚也不过是贬谪流放。正因为如此，宋代士人与以往相比，具有更强的责任感，他们将自己的抱负、命运与江山社稷紧密结合，自然心系国家安危，故而才有了范仲淹"先天下之忧而忧，后天下之乐而乐"的精神，"修齐治平"成为常态下士人追求的终极目标。于是，朝堂氛围较为宽松，官员常关心时弊，勇于献言献策，犯颜进谏的现象也屡见不鲜，乃至于为了维护宋廷根本利益而无惧"逆龙鳞"。从前外戚专权、宦官干政、佞幸无忌以及地方割据的痼疾，也基本消弭，故宋朝以"无内乱"著称。

这样看来，宋朝皇权虽然仍归属一般定义的专制性质，然而呈现了相对突出的包容性，宋朝政治因此具有开明的一面。换言之，开明与专制之间并非截然对立，其间交织着复杂的互动与变换，宋朝君权之下的文官政治就诠释了这样一个道理。

说宋太祖四临国子监

宋太祖在位期间，曾先后四次亲临国子监。由于文献记录仅限于其行踪，而缺乏具体内容记载，故未引起研究者的过多关注。然而，若从宋朝建国的时代背景对此加以考察，不难发现宋太祖这些举止的含义并不寻常，其不仅具有象征性的姿态意义，并且也反映了当时的朝政趋向。

一

关于宋太祖亲临国子监的记载，排除后世

宋人的评说之辞外，主要见于《续资治通鉴长编》和《宋史·太祖纪》，具体内容如下：

> （建隆二年十一月）己巳，幸相国寺，遂幸国子监。[1]
>
> （建隆三年正月）癸未，幸国子监。[2]
>
> （建隆三年二月）丙辰，幸国子监，遂幸迎春苑，宴从官。[3]
>
> （乾德元年四月）丁亥，幸国子监，遂幸武成王庙，宴射玉津园。[4]

以上记载仅涉及宋太祖四次去国子监的行踪和时间，类似《春秋》的写作笔法，其史源则应来自宋太祖实录。揆诸文字如此简略的原因，大致在于两点。其一，据知制诰扈蒙在开宝七年（974）奏言：唐文宗时命起居郎、起居舍人记录皇帝与大臣讨论时政，当时实录稍为完备，其后逐渐荒疏，"每季虽有内殿日历，枢密院录送史馆，然

1　李焘：《续资治通鉴长编》卷一，建隆二年十一月己巳，第55页；《宋史》卷一《太祖纪一》，第10页。

2　李焘：《续资治通鉴长编》卷三，建隆三年正月癸未，第61页；《宋史》卷一《太祖纪一》，第10页。

3　李焘：《续资治通鉴长编》卷三，建隆三年二月丙辰，第63页。《宋史》卷一《太祖纪一》记载为"复幸国子监"（第11页），仅多一"复"字，另外"遂幸迎春苑"，写作"遂如迎春苑"。

4　李焘：《续资治通鉴长编》卷四，乾德元年四月丁亥，第88页；《宋史》卷一《太祖纪一》，第13页。

所记者不过臣下对见辞谢而已。帝王言动，莫得而书。缘
宰相以漏泄为虞，昧于宣播，史官疏远，何得与闻"。[1] 可
知此前宋太祖朝实录存在记录过简的特点，赵匡胤几次亲
临国子监之事，当亦不例外。其二，宋太祖在几次赴国子
监的过程中，可能没有重要的活动，故被当时的史官一笔
带过。

　　不过，在建隆三年（962）六月，也就是宋太祖第
三次亲临国子监之后数月，史籍出现了与此相关的记载：
"周世宗之二年，始营国子监，置学舍。上既受禅，即诏
有司增葺祠宇，塑绘先圣、先贤、先儒之像。上自赞孔、
颜，命宰臣、两制以下分撰余赞，车驾一再临幸焉。于
是，左谏议大夫河南崔颂判监事，始聚生徒讲书，上闻而
嘉之。乙未，遣中使遍赐以酒果。寻又诏用一品礼，立
十六戟于文宣王庙门。"[2] 由此可见，赵匡胤对国子监附设
的孔庙极为关注，不仅诏令修缮庙宇和塑绘诸像，还亲自
为孔、颜写赞，令臣僚为其他先贤写赞，并恢复了文宣王
庙门的礼仪规制。此外，又对国子监的讲学活动予以奖
赏。这些史实，为我们解析宋太祖亲临国子监的动因提供
了线索。

　　若探究宋太祖上述举动的动因，先要对比国子监在宋
代及以前的境遇。众所周知，国子监源自西晋创设的国子

1　《宋史》卷二六九《扈蒙传》，第 9239 页。
2　李焘：《续资治通鉴长编》卷三，建隆三年六月癸巳、乙未，第 68 页。

学，承担教授三品以上官员子弟的职能，与既有的太学并立。北齐时，国子学更名国子寺。东晋以降，在国子学设置祭祀孔子的祠庙也成为惯例。[1] 不过，因遭际长期社会动荡，国子学几经颠沛而衰。至隋唐两朝，国子学（国子寺）最终定名国子监。国子监既是当时朝廷的教育管理机构，下辖国子学、太学、四门学、书学及律学等，其内设祭祀孔子及儒家先贤的祠庙，也是每年举行释奠礼之处。[2] 唐朝时期，统治者对象征教育的国子监相当重视，故其繁盛一时。唐高祖、太宗都曾亲临释奠礼，其后则多由太子或大臣代行。与此同时，孔子的地位也不断得到提升，在唐玄宗朝还被追封为文宣王，[3] 这都表明了朝廷对文教的尊崇。但是，随着安史之乱以后唐中央的逐渐衰落，国子监也深受影响，甚至一度"国子监室堂颓坏，军士多借居之"。[4] 唐末，其状况更为艰难，如唐昭宗朝大臣反映："文宣王祠庙，经兵火焚毁，有司释奠无所。"唐廷因力有不逮，不得不要求官员抽取俸禄资助，"每一缗抽十文，助修国学"。[5] 可见随着唐朝的衰败，国子监地位亦日益下降。

　　到五代时期，帝王及其统治集团主要来自武夫悍将，

1　高明士：《东亚教育圈形成史论》，上海古籍出版社，2003，第 78 页。

2　马端临：《文献通考》卷四三《学校考四·祠祭褒赠先圣先师》，中华书局，2011，第 1255—1256 页；《旧唐书》卷二四《礼仪四》，中华书局，1975，第 916 页。

3　《资治通鉴》卷二一四，唐玄宗开元二十七年八月甲申，第 6958 页；宋大川：《唐代教育体制研究》，山西教育出版社，1998，第 23—25 页。

4　《资治通鉴》卷二二四，唐代宗永泰元年十二月戊戌，第 7307 页。

5　王溥：《唐会要》卷三五《褒崇先圣》，上海古籍出版社，2006，第 747 页。

所谓"五代之君，皆武人崛起，其所与俱勇夫悍卒"。[1]他们依赖武力打天下，也主要凭借武力维持统治，因此对文教多不关注。如当权的将帅所宣称："安朝廷，定祸乱，直须长枪大剑，至如毛锥子（即毛笔），焉足用哉！"[2]宋人即指出其"专上武力"。[3]当时，文士甚至宰相不过是扮演陪位的角色，吏人出身的臣僚虽颇受任用，但大都缺乏眼界，往往只顾帑藏、甲兵之需，忽视"文章礼乐"。[4]宋人因此评说道："五代以来，四方多事，时君尚武，不暇向学。"[5]正因为如此，在改朝换代频仍、战乱不绝的背景下，国子监的地位更为沦落。

从有关记载来看，五代时国子监及文宣王庙虽相沿不废，不过其境况极为窘困。如为了筹措国子监、文宣王庙的经费，统治者不得不将唐末特殊的救急方式常态化。后梁开平三年（909），国子监上奏："创造文宣王庙，仍请率在朝及天下现任官僚俸钱，每贯每月克一十五文，充土木之植。"在得到批准后，"是岁，以所率官僚俸钱修文宣王庙"。[6]后唐长兴元年（930），国子监又奏请"以监学生束修及光学钱备监中修葺公用"，[7]得到采纳。可知其经费

1　《新五代史》卷四九《王进传》，中华书局，1974，第558页。

2　《旧五代史》卷一〇七《史弘肇传》，中华书局，1976，第1406页。

3　范仲淹：《范文正公文集》卷一一《书·又上吕相公书》，《范仲淹全集》，李勇先等点校，中华书局，2020，第220页。

4　《旧五代史》卷一〇七《杨邠传》，第1408页。

5　范祖禹：《帝学》卷三，《景印文渊阁四库全书》第696册，第745页。

6　《旧五代史》卷五《梁书·太祖纪五》，第81页。

7　《旧五代史》卷四一《唐书·明宗纪七》，第559页。

捉襟见肘，不得已而以学费填补，甚至对监生征收"光学钱"。马端临对此批评道："按五代弊法，凡官府公使钱，多令居官者自出其费，宰相则有光省钱，御史则有光台钱，至于监生亦令其出光学钱，则贫士何所从出？"[1] 而国子监的官员，也备受冷遇，即使历来颇受尊崇的祭酒一职也失去荣耀。如后唐时中书门下上奏反映："伏以祭酒之资，历朝所贵，爰从近代，不重此官。"[2]

需要指出的是，五代帝王从无亲临国子监者，故《旧五代史》《五代会要》对国子监的记载非常有限，《新五代史》中竟全无相关内容。至于文宣王庙的有关礼仪制度，后晋时已荒废，"朱梁丧乱，从祀遂废"。[3] 此后虽有所恢复，却与以往的盛况不可同日而语。值得一提的是，后周广顺二年（952），周太祖郭威在亲征收复兖州后，途经曲阜时顺道拜谒过孔子祠及孔子墓。[4] 但唯一的这次特例，也与国子监及文宣王庙礼制无涉。

由上可见，自唐后期以降，随着王朝统治与国力的衰败，作为国家教育象征的国子监已日益沦落。尤其是在五代时期，因朝政忽视文教，致使国子监完全边缘化。故而，当时的帝王从未踏足其间，便不足为怪。

1　马端临：《文献通考》卷四一《学校考二·太学》，第1215页。
2　王溥：《五代会要》卷一六《国子监》，上海古籍出版社，2006，第275页。
3　《宋史》卷一〇五《礼志八·文宣王庙》，第2547页。
4　《旧五代史》卷一一二《周书·太祖纪三》，第1482页。

二

宋太祖在建国初期便屡次亲临国子监，表明了其一改五代统治者的冷漠态度，背后的动因实与追求的政治目标有关。由此，也折射出了宋太祖时代的朝政趋向。

从赵匡胤几次去国子监的时间来看，恰是时局转变的关键期。建隆元年（960），是宋太祖称帝的第一年，也是政局最不稳定之际，史称："上既即位，欲阴察群情向背，颇为微行。"即使臣僚以安全为由加以劝谏，他依然冒险出行，"既而微行愈数"。[1] 宋太祖竟通过私访的方式窥探外界动向，意在预防肘腋之患爆发，这也反映了其当时寝食不安的焦虑状态。此外，各地的众多藩镇尚在观望，不愿归顺者还公开起兵反抗。可以说，赵匡胤此时的注意力集中在稳固帝位上，尚无暇他顾。在同年六月、十一月，宋太祖先后亲征平定李筠、李重进两大强藩势力，到十二月返回京师后，统治秩序渐趋平稳，宋太祖才开始关注长远目标，解决建设问题。仅据《宋史·太祖本纪》记载，翌年，赵匡胤先后实施了清丈田亩、开挖运河、裁汰老弱军兵、问罪失刑官员以及开科取士等一系列举措。[2] 最突出的则是通过"杯酒释兵权"，解决了功臣将帅握兵的隐

1　李焘：《续资治通鉴长编》卷一，建隆元年十二月壬辰，第30页；司马光：《涑水记闻》卷一，邓广铭、张希清点校，中华书局，1989，第4—5页。

2　《宋史》卷一《太祖纪一》，第8—10页。

患；确定了削藩政策，"惟稍夺其权，制其钱谷，收其精兵，则天下自安矣"。[1] 在这样的背景下，遂有了当年的第一次国子监之行。之后，随着施政的全面铺开，他在两年内又三次亲临国子监。

建隆年间，百废待兴，宋太祖在日理万机中屡次专程赴国子监，是与其政治远见密不可分的。赵匡胤虽出身行伍，但不同于目不识丁的武将，他年少时已有学业基础。[2] 其后戎马之余，仍不忘读书。《建隆遗事》称："上性严重少言，酷好看书，虽在军中，手不释卷。"[3] 宋人还记载："太祖少亲戎事，性好艺文。"[4] 说赵匡胤早年"手不释卷""性好艺文"，不免夸张，但其有读书习惯基本可信。建立北宋后，宋太祖更注意读书，又尤重阅史，"上好读书，每遣使取书史馆"。[5]"（太祖）极好读书，每夜于寝殿中看历代史，或至夜分。"[6] 不仅如此，早在建隆元年，宋太祖就下诏编纂《唐会要》《周世宗实录》《五代会要》等前代史籍，说明其重视汲取以往王朝的经验

1 李焘：《续资治通鉴长编》卷二，建隆二年七月戊辰，第49页。

2 据《宋史》卷四三一《儒林传一·辛文悦》（第12820页）记载，宋太祖幼时曾随专习五经的辛文悦读书。另见文莹《玉壶清话》卷三，郑世刚、杨立扬点校，中华书局，1984，第29页。

3 王禹偁的《建隆遗事》原书已遗失，邵伯温《邵氏闻见录》卷七收录其中多条记载（李剑雄、刘德权点校，中华书局，1983，第64—65页）。另见李焘《续资治通鉴长编》卷七，乾德四年五月甲戌，第171页。

4 吴曾：《能改斋漫录》卷四，上海古籍出版社，1984，第71页。

5 李焘：《续资治通鉴长编》卷九，开宝元年四月丙子，第201页。

6 马永卿辑，王崇庆解《元城语录解》卷上，《丛书集成初编》第601册，第12页。

教训。

宋太祖通过读书、观史，遂拥有了超越五代帝王的政治远见。[1]与此同时，如清人王夫之所分析，赵匡胤因出身寻常，又无赫赫之功，故在登基后满怀戒惧，"惧以生慎，慎以生俭，俭以生慈，慈以生和，和以生文"。[2]其就此形成务实、理性的特点。宋太祖具有这些非凡的能力，因此追求长治久安的目标，通过拨乱反正，致力于国家建设，以力图走出五代覆辙。

唐末、五代时期，国子监的沦落代表了文教的凋敝，也是国势衰败的缩影。宋太祖欲图重振江山，谋求国家稳定和发展，势必也要改变文教现状，并发挥儒家思想整顿、教化社会的作用。故赵匡胤屡往国子监，亲自为孔、颜写赞，下诏修缮文宣王庙并恢复礼仪规制等举动，便与国子监的象征意义存在密切的关联。这就不难理解宋太祖为何要连续四次光顾国子监，其急于向百官乃至天下传递重视文教的用意，可谓煞费苦心。

事实上，历经多年乱世，官员不仅存在素养的欠缺，更熏染了朝秦暮楚的积习。史称："五季为国，不四、三传辄易姓，其臣子视事君犹佣者焉，主易则他役，习以为常。"[3]传统君臣伦理观念的淡薄，降低了官员对朝廷的忠诚度，也对世风产生了恶劣影响。赵匡胤

1　陈峰：《宋太祖时期以史经世的考察》，《历史研究》2022 年第 4 期。

2　王夫之：《宋论》卷一《太祖》，第 1—3 页。

3　《宋史》卷二六二"论曰"，第 9083 页。

在兵变夺权之际，就目睹了后周翰林学士陶谷主动献上早已草拟的后周禅位诏书，在"薄其为人"的同时，[1]亦加深了对变节恶习的认识。而他所倚重的赵普等臣僚，虽颇有现实经验，却缺乏学养，不谙典章制度。显然，这都不利于成就大业，宋太祖因而有意识地加以引导。

据记载，建隆三年二月，"上谓近臣曰：'今之武臣欲尽令读书，贵知为治之道。'"[2]当从文士窦仪口中发现误用了前蜀乾德年号之时，"因叹曰：'宰相须用读书人。'由是益重儒臣矣。赵普初以吏道闻，寡学术，上每劝以读书，普遂手不释卷"。[3]这条记载的时间虽稍晚，不过以赵匡胤对赵普的了解，当不限于此时。如果说动员武臣读书，是希望他们懂得君臣大义，以洗脱跋扈犯上的积习，那么对辅臣赵普的要求，则又包含了提高素养的用意。其实，赵匡胤也深谙往昔过度崇尚武力的后果，尤其是武夫悍将动辄滥杀无辜，以至于庙堂常被戾气所裹挟，令民众深受其害，故不能不着力加以遏制。如宋太祖在评定武成王庙

1　邵伯温：《邵氏闻见录》卷一，第2页；《宋史》卷二六九《陶谷传》，第9238页。

2　李焘：《续资治通鉴长编》卷三，建隆三年二月壬寅，第62页。司马光《涑水记闻》卷一则将其中的"读书"写作"读经书"（第15页），当认为儒经才符合太祖的本意。

3　李焘：《续资治通鉴长编》卷七，乾德四年五月甲戌，第171页。对于宋太祖所说"宰相须用读书人"一语，不仅后世宋人多有渲染，现代某些论著的理解亦不免流于字面。邓小南认为宋太祖虽感叹读书人的重要性，并对文史出身大臣的"寡学"不满，但实际上仍主要依靠后者执政。此说颇为中肯，见氏著《祖宗之法：北宋前期政治述略》，生活·读书·新知三联书店，2006，第157—165页。

中供奉的历代名将时，亲自将其中的白起剔除，"以杖指白起曰：'起杀已降，不武之甚，胡为受飨于此？'命去之"。[1] 由此一例，即可见其对杀伐无度的公开否定。元朝史家遂在所修《宋史》中说："宋国建，皆折其猛悍不可屈之气，俯首改事，且为尽力焉。"[2] 因此，以振兴文教来扭转暴力风气，亦属必然之势。凡此种种做法，无疑着眼于国家长远发展，这就明显与五代帝王的浅见形成了巨大反差。对于宋太祖不同以往的风格特点及其影响，王船山给予了高度的评价："而自唐光启以来，百年嚣陵噬搏之气，浸衰浸微，以消释于无形。"[3]

此外，从为最初因反抗被杀的后周大将韩通厚葬，到陆续褒扬被征剿各地政权的类似亡臣，也表明了宋太祖倡导忠节观的态度。宋太祖晚年，曾就官员的节操问题说："为臣者，或不终其名节，而陷于不义。盖忠信之薄，而获福亦鲜，斯可戒矣。"[4] 足见宋太祖对忠节观的一贯重视。还有对民间孝悌人物事迹的表彰之举，也意在改变世风，如宋人所说：太祖"崇孝弟"。[5] 宋太祖诸如此类的举动，其实与亲临国子监的含义一脉相通，是在不同方面提振文化知识与儒家思想的地位。宋太祖时代的朝政趋向就此显

1　李焘：《续资治通鉴长编》卷四，乾德元年六月壬辰，第92页。

2　《宋史》卷二六一"论曰"，第9050页。

3　王夫之：《宋论》卷一《太祖》，第3页。

4　李焘：《续资治通鉴长编》卷一六，开宝八年正月乙酉，第334页。

5　《曾巩集》卷一〇《传序·进太祖皇帝总序并状》，陈杏珍、晁继周点校，中华书局，1984，第173页。

现，即告别五代"专上武力"的政治倾向，在拨乱反正中
开展全面建设。

结　语

　　宋太祖在史籍中留下的四临国子监的举动，看似主要
是一种姿态，但这种五代时期从未有过的现象，意义不同
寻常。正如"上有所好，下必甚焉"的至理名言所揭示，
自古最高统治者的好恶，往往牵动朝野的注意力，也常常
映射出朝政的倾向。当赵匡胤的足迹踏进寂寞已久的国子
监之时，即昭示着礼崩乐坏时代的落幕，包括文教在内的
各方面建设开始进入朝政的重要议程。由此细微之处的变
化，不难发现历史的演进常常在不经意间已然发生。而其
后宋代文化的昌盛以及崇文抑武的大剧，正是从宋太祖朝
拉开了序幕。

"崇文"气象下的宋朝开国史
与士人的记忆及改造

　　中国历史进入宋代，在诸多方面发生了深
刻的变化，尤其从文明及文化的角度而言，更
创造了异常灿烂的一面。如现代史学家陈寅恪
先生曾有"华夏民族之文化，历数千载之演进，
造极于赵宋之世"[1]的评价。但这种历史变迁，
绝非宋朝开国就立竿见影，而是在延续与转变
的过程中逐渐形成。不过，在一些宋人的笔下，
似乎本朝自诞生后就斩断了过去，显现出全新
的面貌，其中后世看到的宋朝突出的"崇文"
气象，就是一个典型的例证。

1　陈寅恪:《邓广铭宋史职官志考证序》,《金明馆丛稿二编》, 第
　　245 页。

一

人类的历史，从来都是在后世不断追述与放大的过程中延续的，尤其是本时代人眼中的历史更是如此。从北宋中叶以降一些士人的笔墨来看，宋朝的开国岁月就覆盖了许多富有情感而不免夸张的色彩。

赵匡胤结束武夫长期乱政世道，开创了三百多年的基业，尤其是宋朝很长时期内呈现出高度的"崇文"气象，因此在本朝士人心中必然笼罩着神圣的光环。那么在宋太祖开国时期，是否完全采取了有关举措并形成了"崇文"的气象呢？

更符合历史真相的是，宋太祖在位期间，采取的有关举措及其成效包括以下几点。

其一，通过一系列收兵权、削藩镇举措，结束了以往的武人政治，为恢复文臣在国家政治生活中的必要地位创造了条件。

其二，在中枢机关逐步恢复文臣应有的角色。在宋太祖朝，除保留前朝宰相范质、王溥及魏仁溥外，先后任用赵普、薛居正、沈义伦、吕余庆及卢多逊等人为宰执，恢复其行政权力，同时防范枢密使对行政的干预，其中亲信赵普更深受信任，"上视如左右手，事无大小，悉咨决焉"。[1]

---

[1] 《宋史》卷二五六《赵普传》，第 8932 页；司马光：《涑水记闻》卷一，第 9 页。

其三，陆续任用文官掌管地方行政。宋太祖称帝后，不断从中央派出文臣到各地方任职，逐渐取代原来藩镇手下的部将，"更用侍从、馆殿、郎官、拾遗、补阙代为守臣"。[1]

其四，注意保护文臣，免遭武夫加害。如宋朝建立之始，悍将王彦昇以索酒为名敲诈宰相王溥，宋太祖立即将这位功臣干将逐出京师。[2] 又如武将德州刺史郭贵被调离本地，国子监丞梁梦昇接任知德州后，对郭氏族人的违法牟利活动予以惩治。郭贵便通过宋太祖亲信武官史珪告状："欺蔑刺史郭贵，几至于死。"但赵匡胤不仅没有治梁梦昇之罪，反而加以提拔，并令其继续留任。[3]

其五，恢复儒学的地位。赵匡胤登基不久就下令扩修儒家先圣祠庙，亲自为孔子作赞文，并率群臣幸临国子监，拜谒孔庙。建隆三年（962），又下诏对文宣王庙行使一品礼仪，[4] 纠正了以往孔庙失去祀礼和不受重视的状况。[5]

其六，开始重视科举制度。在宋太祖朝，不仅重视科举取士的制度，而且开创"特奏名"先例，又固定"殿试"制度，录取人数较以往有所提高。

其七，鼓励官员读书。据记载，"太祖尝谓赵普曰：

1　王明清：《挥麈录·余话》卷一，上海书店出版社，2001，第220页。

2　李焘：《续资治通鉴长编》卷一，建隆元年三月己巳，第11页。

3　李焘：《续资治通鉴长编》卷一五，开宝七年二月庚辰，第317页。

4　李焘：《续资治通鉴长编》卷三，建隆三年六月辛卯，第68页。

5　《宋史》卷一〇五《礼志八·文宣王庙》，第2547页。

'卿苦（若）不读书，今学臣角立，隽轨高驾，卿得无愧乎？'普由是手不释卷，然太祖亦因是广阅经史"。[1] 宋太祖还公开要求武臣学习儒经，所谓："今之武臣，亦当使其读经书，欲其知为治之道也。"[2]

揆诸上述举措，不难发现的确有崇文的内容，但若描述成具有时代特征的气象，则显然失之于夸张。事实上，这些举措的实质仍在于一方面调整以往严重失衡的文武关系，力图使文官武将队伍回归各自正常的位置；另一方面则在落实"可以马上打天下，不可以马上治天下"的政治规则，以尽快结束战乱，确保君主专制和中央集权统治。因此，其所采取措施的宗旨，更大程度上乃在于提拔地位过低的文臣，以制衡超强的武臣势力，同时提倡儒学中的君臣大义和纲常思想。如元人评说："艺祖革命，首用文吏而夺武臣之权，宋之尚文，端本乎此。"[3] 当然，要说有所不同的话，则主要在于迅速瓦解了军功集团，使得这一影响王朝前期政治的传统势力消失，为科举官僚队伍的发展清除了障碍，并与以后"崇文"气象的产生存在一定的关联。[4]

必须指出的是，赵匡胤毕竟脱胎于五代，出身行伍，

1　文莹：《玉壶清话》卷二，郑世刚、杨立扬点校，中华书局，1984，第19页。

2　司马光：《涑水记闻》卷一，第15页。

3　《宋史》卷四三九《文苑传一》"序"，第12997页。

4　参见陈峰《宋代军功集团在政治上的消亡及其影响》，《中国史研究》2008年第4期。

又处于统一四方之时，故无论是感情上还是现实中都不可能蔑视武将和军队，收夺将帅兵权并不意味着贬低其地位和作用，也就不可能做到以儒立国。现存《宋会要》中"崇儒"的大量篇幅，记述了赵宋王朝"崇文"的无数事例，但涉及宋太祖朝的具体内容非常有限。

有诸多事实表明，宋初将帅即使遇事无理，也常受到天子的偏袒。典型例证如大将慕容延钊平荆湖期间，纵容部将抢掠，担负监军职责的枢密副使李处耘予以惩治。慕容氏控诉于太祖，结果贵为枢密副使的李处耘被贬官至死。[1] 又如开宝四年（971），给事中刘载权知镇州，"坐与兵马部署何继筠不协，为所构，太祖恶之，出为山南东道节度行军司马"。[2] 这种情形在宋太宗以后，是完全不可想象的。

宋人还记载："旧制，每命将帅出征，还，劳宴于便殿，当直翰林学士，文明、枢密直学士，皆预坐。开宝中，梁迥为阁门使，白太祖曰：'陛下宴犒将帅，安用此辈。'遂罢之。"[3] 由此细节可见，宋太祖并非一味亲近文士。因此，武将经济待遇普遍高于文臣，节度使俸禄更优于宰相。如朱熹所说："如武臣诸节度、副总管诸使所以

1　《宋史》卷二五七《李处耘传》，第 8962 页。

2　钱若水修，范学辉校注《宋太宗皇帝实录校注》卷二六，太平兴国八年七月甲寅，中华书局，2012，第 23 页；李焘：《续资治通鉴长编》卷一二，开宝四年七月己酉，第 269 页。

3　李焘：《续资治通鉴长编》卷三四，淳化四年十一月丁卯，第 759 页。

恩礼隆异，俸给优厚者，盖太祖初夺诸镇兵权，恐其谋叛，故置诸节度使，隆恩异数，极其优厚，以收其心而杜其异志。"[1]

另外值得一提的是，建隆三年，宋太祖下诏修建代表武人精神的武成王庙，"与国学相对"，[2]如时人所云："缔创武祠，盖所以劝激武臣。"[3]并多次幸临武成王庙，其中在乾德元年（963），就先后三次率臣下亲临武成王庙。[4]其次数超过了文庙。

宋太祖经历了五代乱世，切身感受最深的是武夫拥兵对皇权的威胁，而对文臣士人则并不担忧。赵匡胤就直率地说："五代方镇残虐，民受其祸，朕令选儒臣干事者百余，分治大藩，纵皆贪浊，亦未及武臣一人也。"[5]还有这样的记载：开宝六年，吴越王向宰相赵普私贿黄金，恰被太祖碰见，"帝叹曰：'受之无妨，彼谓国家事皆由汝书生尔！'"[6]由此可见，宋太祖对书生也不免心存轻视。

因此，在宋太祖朝，科举出身的文官士大夫尚未成为执掌朝政的核心力量。从当时的宰执大臣构成来看，宰

1　黎靖德编《朱子语类》卷一二八《本朝二·法制》，王星贤点校，中华书局，1986，第3074页。

2　《宋史》卷一〇五《礼志八·武成王庙》，第2556页。

3　李焘：《续资治通鉴长编》卷四，乾德元年六月乙未，第94页。

4　李焘：《续资治通鉴长编》卷四，乾德元年四月丁亥、六月壬辰、七月丁卯，第88、92、98页。

5　李焘：《续资治通鉴长编》卷一三，开宝五年十二月乙卯，第293页。

6　《宋史》卷二五六《赵普传》，第8933页。

相共六人，其中短暂保留的前朝遗老三人，两人有科举背景；本朝提拔者三人，只有一人属科举出身。枢密使共有四人，其中三人为武官，其余一人亦非科举出身者；参知政事和枢密副使共九人，科举出身者仅有三人。由此可见其统治核心的主体并非科举出身文臣。[1]故而，有宋人指出："国初犹右武，廷试进士多不过二十人，少或六七人。自建隆至太平兴国二年，更十五榜，所得宰相毕文简公一人而已。"[2]还是朱熹的评说符合实情："国初人材，是五代时已生得了。"[3]

二

宋朝"崇文"路线发展的轨迹，应大致始于第二代的宋太宗朝后期。自宋太宗两次北伐失败后，宋朝不再走传统的汉唐发展之路，出于极端加强君主专制统治的需要，"守内虚外"，统治重心转向内部建设。[4]为防范武将势力对皇权的威胁，加大了对其压制和钳制的力度。清人王船山针对宋太宗朝指出："宋所忌者，宣力之武臣耳，非偷

1　《宋史》卷二一〇《宰辅表一》，第5416—5422页；并见《宋史》各传。

2　叶梦得：《避暑录话》卷上，徐时仪整理，《全宋笔记》第2编第10册，大象出版社，2006，第265页。

3　黎靖德编《朱子语类》卷一二九《本朝三·自国初至熙宁人物》，第3085页。

4　参见陈峰《宋代主流意识支配下的战争观》，《历史研究》2009年第2期。

生邀宠之文士也。"[1] 同时，进一步重用文臣力量，科举出身的文官士大夫的地位遂不断获得提升。

宋太宗在位期间，从事的崇文活动明显增多，如率领群臣三谒文宣王庙，以示对儒学的尊重，[2] 而对武成王庙仅光顾过一次；[3] 宋太宗即位初便亲自操持科考，录取五百多人，不仅人数大大超过以往，还超等任官，甚至连执政大臣都觉得过分。但"上意方欲兴文教，抑武事，弗听"。[4] 这就清楚地反映出宋太宗的倾向与决心。此后，科举得到空前发展，大批举子进入官僚队伍。宋太宗后期，王禹偁在上奏中指出："自陛下统御，力崇儒术，亲主文闱，志在得人，未尝求备。大则数年便居富贵，小则数月亟预官常。"以至于科举出身的王禹偁提出了"抑儒臣而激武臣"的主张。[5]

正因为如此，宋太祖时代萌芽的"崇文抑武"方略得到发展，并基本确立其在国家政治各个层面中的重要地位。应当承认，宋太宗朝后期是"崇文"气象开始萌生的重要时期。

再历经宋真宗朝至仁宗朝的统治，科举出身的文臣已成为执政的主体力量。其中宋仁宗一朝科举十三榜，

1　王夫之：《宋论》卷二《太宗》，第 37 页。
2　《宋史》卷一〇五《礼志八·文宣王庙》，第 2547 页。
3　李焘：《续资治通鉴长编》卷三六，淳化五年十一月丙寅，第 801 页。
4　李焘：《续资治通鉴长编》卷一八，太平兴国二年正月丙寅，第 393—394 页。
5　李焘：《续资治通鉴长编》卷三〇，端拱二年正月乙未，第 673 页。

"其甲第之三人凡三十有九，其后不至于公卿者，五人而已"。[1]可以说，至北宋中叶已完全形成文臣治国的局面，当时几乎各方面的重要职责皆由文官承担，如时人所云："今世用人，大率以文词进。大臣，文士也；近侍之臣，文士也；钱谷之司，文士也；边防大帅，文士也；天下转运使，文士也；知州郡，文士也。虽有武臣，盖仅有也。故于文士，观其所长，随其材而任之。使其所能，则不能者止。"[2]甚至在中央军事机要决策的枢密院和在外军事统军体系中，文臣也逐渐成为主宰者。至此，朝政发展的方向确已巩固于文治路线，遂形成突出的"崇文"气象。

如景德二年（1005），宋真宗在幸国子监时对文教繁盛的局面表示满意，并称："国家虽尚儒术，然非四方无事，何以及此。"[3]宋人曹彦约对此评说道："真宗皇帝四方无事之语发于景德二年，是时澶渊之盟契丹才一年耳，而圣训已及此，则知兵革不用，乃圣人本心。"[4]影响所至，官场皆好崇儒之名。如宋仁宗时的一道诏书曰："顷者尝诏方州增置学官，而史贪崇儒之虚名，务增室屋，使四方游士竞起而趋之……"[5]故范祖禹认为："仁宗皇帝在位四十二年，以尧舜为师法，待儒臣以宾友。"[6]

1　《宋史》卷一五五《选举志一·科目上》，第 3616 页。
2　《蔡襄集》卷二二《国论要目》，第 384 页。
3　李焘：《续资治通鉴长编》卷六〇，景德二年五月戊辰，第 1333 页。
4　曹彦约：《经幄管见》卷一，《景印文渊阁四库全书》第 686 册，第 36 页。
5　李焘：《续资治通鉴长编》卷一五五，庆历五年三月辛未，第 3760 页。
6　范祖禹：《帝学》卷六，《景印文渊阁四库全书》第 696 册，第 765 页。

但到北宋中叶才真正出现的"崇文"气象，主导朝政的文官士大夫并不满足。基于现实的需要，他们不仅要坚持高扬"崇文"旗帜，坚定最高统治者皇帝的决心，而且从诸多方面宣扬其由来已久的精神，以至于追溯到开国时代。宋真宗在位期间遂深受这种主流意识的影响，亲自撰著《崇儒术论》，宣称："儒术污隆，其应实大，国家崇替，何莫由斯。故秦衰则经籍道息，汉盛则学校兴行。其后命历迭改，而风教一揆。有唐文物最盛，朱梁而下，王风浸微。太祖、太宗丕变弊俗，崇尚斯文。朕获绍先业，谨遵圣训，礼乐交举，儒术化成，实二后垂裕之所致也。"[1] 即为太祖皇帝时代渲染上崇尚斯文的色彩。

宋哲宗朝，范祖禹在经筵期间，曾向皇帝进呈《帝学》一书。从《帝学》讲授的内容可以清楚地看出，士人推动儒家思想文化建设的巨大努力及成效。范祖禹说："本朝累圣相承百三十有二年，四方无虞，中外底宁，动植之类蒙被涵养，德泽深厚，远过前世，皆由以道德仁义、文治天下，主无不好学故也。"[2] 其中将本朝开国以来的皇帝都描述为崇文好儒之君。如对太祖幸临国子监并拜谒孔庙的举动，评说道："儒学复振，是自此始，所以启佑后嗣，立太平之基也。"宋太祖鼓动臣子读书，其目的本是要求他们遵守儒家纲常规范，但范氏进一步引申道：

1　李焘：《续资治通鉴长编》卷七九，大中祥符五年十月辛酉，第 1798—1799 页。
2　范祖禹：《帝学》卷八，《景印文渊阁四库全书》第 696 册，第 778 页。

"太祖皇帝之时，天下未一，方务战胜，而欲尽令武臣读书，夫武臣犹使之读书，而况于文臣其可以不学乎?"并与"五代以来，四方多事，时君尚武，不暇向学"[1]进行了强烈的对比。除他之外，还有人也认为："在我太祖，神武披攘，亲驾辟雍，真儒有光。"[2]但宋初许多右武的事实俱在，于是文臣刘安世委婉地辩解道："太祖与群臣未尝文谈，盖欲激励将士之气，若自文谈，则将士以武健为耻，不肯用命。此高祖溺儒冠之意也。"[3]在北宋灭亡之际，宋钦宗也标榜："祖宗涵养士类垂二百年，教以礼乐，风以诗书，班爵以贵之，制禄以富之，于士无负。"[4]

南宋时，文人士大夫对开国史的追忆就更为夸张。如陈亮上书宋孝宗时言："艺祖皇帝用天下之士人，以易武臣之任事者，故本朝以儒立国，而儒道之振，独优于前代。"[5]在此便宣扬宋朝"以儒立国"的开国原则，而掩饰了当时的历史真相。朝臣周必大则称："太祖以神武基王业，文治兴斯文……"[6]周氏将太祖朝定性为"文治兴"的时代，也属于士人有意识的过分描述。还有如吴渊所说：

1　范祖禹：《帝学》卷三，《景印文渊阁四库全书》第696册，第742—743、745页。

2　赵师民：《劝讲箴》，吕祖谦编《宋文鉴》卷七二，齐治平点校，中华书局，1992，第1046页。

3　马永卿辑，王崇庆解《元城语录解》卷上，《丛书集成初编》第601册，第13页。

4　李纲：《梁溪先生文集》卷一八〇《建炎时政记下》，《宋集珍本丛刊》第37册，第780页。

5　《宋史》卷四三六《儒林传六·陈亮》，第12940页。

6　《周必大全集》卷五三《初寮先生前后集序》，王蓉贵、〔日〕白井顺点校，四川大学出版社，2017，第500页。

"艺祖救百王之弊，以'道理最大'一语开国，以'用读书人'一念厚苍生。文治彬郁垂三百年，海内兴起未艾也。"[1]

宋代的"崇文"气象，实在是真宗朝至北宋中叶以后发生的事情，与其朝开国之初相距甚远。但无论是之后的宋朝帝王，还是许多朝野士人，都将此气象追溯到宋初，反映了历史记忆中包含的有选择的"失忆"倾向。还是王安石清醒，他指出："本朝太祖武靖天下，真宗以文持之。"[2]在此将"以文持之"视为真宗朝才出现的事实。欧阳修撰文回忆称："大宋之兴，于今八十年，天下无事，方修礼乐，崇儒术，以文太平之功。"[3]苏辙参加仁宗朝制科考试时，在试卷中也承认："昔太祖好武略，则天下之猛士出而为之兵；太宗好奇谋，则天下计画之士出而为之虑；真宗好文而爱儒，则海内无有不学以待上之所使。今陛下公卿满朝，进趋揖让，文学言语，上可以不愧于古人，而下可以远过于近世者，以陛下诚好之也。"[4]都道出了更接近史实的评说。

1　魏了翁：《重校鹤山先生大全文集》"吴渊序"，《宋集珍本丛刊》第76册，第591页。

2　王安石：《王文公文集》卷二《上田正言书二》，唐武标校，上海人民出版社，1974，第29页。

3　《欧阳修全集》卷三九《襄州谷城县夫子庙碑记》，李逸安点校，中华书局，2001，第566页。

4　苏辙：《栾城应诏集》卷一二《御试制策》，《苏辙集》，陈宏天、高秀芳点校，中华书局，1990，第1358页。

三

宋代士人作为时代及其变迁的记录者，在官方编修机构中编纂了本朝历史，使得其开国史被或多或少地描述为"崇文"气象，宋太祖也因此获得高度的赞美。其实这些光环，很大程度上是本朝士大夫有意识选择而不断添加的结果。同时，随着时间的推移，一些士人在自己所写的诗文、野史及笔记小说中，对开国史也不断附加上自己的理解。

从宋代的有关记载来看，北宋中叶以降一部分士人对本朝开国史的追忆，尤其是描述的"崇文"气象，其实是在包含历史记忆的过程中，有目的选择并逐渐放大的产物。显然，这体现出宋代主流士大夫自身的价值评判。其很大程度上修正记忆的结果，在一定程度上疏离了真实的历史，却具有显著的现实意义。正如研究宋朝"祖宗之法"的学者所指出："'祖宗之法'并非祖宗行为举止与创制措施原原本本的反映，而是经过士大夫筛选、寄寓着士大夫理念、有赖于士大夫们整合阐发而被认定为'祖宗之制'的。"[1]

众所周知，中唐开始的藩镇割据局面，至五代时进一

1　邓小南：《关于"道理最大"——兼谈宋人对于"祖宗"形象的塑造》，《暨南学报》2003 年第 2 期。

步造成武夫跋扈、悍将称雄的后果。如宋太宗所说："自
梁、晋已降，昏君弱主，失控驭之方，朝廷小有机宜，裨
将列校，皆得预御坐而参议，其姑息武臣乃如此。"[1] 数十
年间，王朝更替频仍，割据局面愈演愈烈。长期存在的这
种武力左右政局的因素，其影响十分深远。西方学者也指
出："在 960 年以前，北方一直被一系列不稳固的、短命
的军事政权所统治。正是在这一时期，军事力量决定着
政治状态，并继续成为宋初几十年间的一个主要因素。"[2]
在此期间，不仅皇权式微，割据政权帝王的威信扫地，而
且文武之间的关系严重失衡，文官集团受到武将群体的压
制，地位沦落，仰承鼻息，纵然是宰相也要受制于掌管兵
权的枢密使。清代史家即评说道，士人生于此时，缠手绊
足，"动触罗网，不知何以全生也"。[3] 正因为如此，文教
荒芜，当时社会上还形成了强烈的重武轻文风气。所谓：
"五代以来，四方多事，时君尚武，不暇向学。"[4]

　　在上述背景下，宋朝再一次通过兵变而建立。因此，
出于对唐末五代乱政的恐惧，文官士大夫群体在强烈的自
保意识下，坚定地支持皇权壮大，积极协助统治者实施一
系列的"抑武"举措，并期望朝廷复兴儒教。于是，宋太

1　李焘：《续资治通鉴长编》卷三七，至道元年五月丙寅，第 815 页。

2　〔德〕傅海波、〔英〕崔瑞德编《剑桥中国辽西夏金元史　907—1368 年》，史卫
　　民等译，中国社会科学出版社，1998，"导言"，第 6—7 页。

3　赵翼著，王树民校证《廿二史札记校证》卷二二《五代幕僚之祸》，中华书局，
　　2013，第 501—502 页。

4　范祖禹：《帝学》卷三，《景印文渊阁四库全书》第 696 册，第 745 页。

祖基于自身统治需要而初步萌芽的"崇文抑武"方略，自然得到他们的拥护和歌颂。

宋太宗统治后期，以科举出身为主体的士大夫已重新获得重视，逐渐成为统治集团的中坚力量。但是当门阀世族消亡之后，累世公卿、富贵长存的局面一去不返，这就决定了士大夫阶层必须更紧密地寻求与专制皇权的结合。为了防止朝政偏离"崇文抑武"方略，导致武力因素再度猖獗，并最终危及自身的利益，他们必然更坚决地支持宋朝走"崇文"之路。

宋真宗朝以降，文官士大夫终于完全成为统治的主体力量，把握了朝政命脉，以至于还向皇帝表达了朝廷"与士大夫共天下"的自信，[1]崇文气象自然出现。至此，士人无论是在观念上还是在现实中，都不能允许否定"崇文"路线，更不愿看到军功集团势力复辟。因此，他们不仅在现实中坚持既定方针，同时也是出于现实的需要，寻找并夸大开国时代的有关事例，以便宣称"崇文"气象一贯存在的合理性。

历史的记忆就这样延续，多少附加着后世的理解和想象。现实远离过去，但在国家认同的背景下总能修正过去的历史影像。

1　徐规《宋太祖誓约辨析》（《历史研究》1986 年第 4 期）认为宋太祖立誓碑，告诫后嗣不得杀大臣和上书言事者，是体现了"与士大夫共天下"，也显然过高估计了宋初"崇文"的程度。

宋代文武关系演变的历史轨迹

自先秦以降，中国历代统治者在治国中都面临文治与武功两大重任，故无论是政治家还是思想家皆高度重视两者的关系。如孔子云："有文事者必有武备，有武事者必有文备。"[1] 唐太宗则这样概括了文武关系及文臣与武将的各自作用："斯二者递为国用，至若长气亘地，成败定乎锋端，巨浪滔天，兴亡决乎一阵。当此之际，则贵干戈，而贱庠序。及乎海岳既晏，波尘已清，偃七德之余威，敷九功之大化。当此之际，则轻甲胄，而重诗书。是知文

---

1 《史记》卷四七《孔子世家》，中华书局，1982，第1915页。

武二途，舍一不可。与时优劣，各有其宜。武士、儒人焉可废也。"[1] 可见，力图发挥文与武的不同作用并保持双方必要的平衡，已成为基本的政治常识。不过，这一认识到宋代发生了显著变化。

宋以前文武关系的基本态势

中国古代早期，统治集团中并无严格的文武区分。如商周时期，大臣除了在内执政外，也出外统军作战，周公东征便为典型例证。至春秋战国之际，才出现文臣、武将队伍，"官分文武，惟王之二术也"。[2] 其目的在于提高政权效率并强化君权，以顺应激烈的列国相争形势，文武关系就此产生。

秦朝以降，中央王朝都抱有大一统的观念，故在施政上具有内外并重、文武兼治的特点。由此，文武关系也呈现出与之大致吻合的样态。宋代以前，文臣与武将虽有角色分工，但彼此之间没有绝对的鸿沟，身份的相互转换并不少见。最典型者为"出将入相"的传统，诸如西汉的周勃、樊哙、尹恢及陈涓，隋朝的杨素，唐朝的李靖、徐世勣及娄师德等人，都先后出将入相。唐人还记载："高

---

1 唐太宗：《帝范》卷四，《丛书集成初编》第 927 册，第 42—43 页。
2 《尉缭子·原官第十》，《中国兵书集成》第 1 册，解放军出版社、辽沈书社，1987，第 392 页。

宗朝，姜恪以边将立功为左相，阎立本为右相。"[1] 唐玄宗时，郭元振、薛讷、李适之等"咸以立功边陲，入参钧轴"。[2]

其实，文臣与武将集团不仅常常围绕军功与文治路线的议题产生分歧，同时也存在权力博弈，"将相和"与"将相失和"的故事时有发生。双方在不同阶段的影响力也高下不等，故文武失衡的现象时有发生。例如，李开元通过对汉初历史的考察，揭示了军功受益阶层在政治上盛衰的过程。[3] 揆诸宋代之前的历朝，当开国初期以及开疆拓土之际，军功集团往往获得重用，王朝衰败之时更成为强权势力。进入建设、守成时期，文臣集团则常得到倚重，占据朝堂主导位置。不过，文臣与武将的影响力固然此消彼长，但文武关系总体上保持动态平衡，并无绝对的厚此薄彼。

唐代末期，武将集团再度强大，至五代更盛极一时，"五代之君，皆武人崛起，其所与俱勇夫悍卒"。[4] 在近百年间，文臣沦为附庸，甚至饱受武夫悍将的欺凌。日益突出的文武失衡，既影响了政务运行，还直接危及皇权和国家秩序，"五闰之乱，大帅宿将，拥兵跋扈，而天子之废

1　刘肃：《大唐新语》卷一一，许德楠、李鼎霞点校，中华书局，1984，第167页。

2　刘肃：《大唐新语》卷一一，第174页。

3　李开元：《汉帝国的建立与刘邦集团——军功受益阶层研究》，生活·读书·新知三联书店，2000，第255—256页。

4　《新五代史》卷四九《王进传》，第558页。

置如奕（弈）棋，此国擅于将也"。[1]在此历史背景下建立的宋朝，势必会对文武关系失衡痼疾予以反思。

宋朝初年拨乱反正

宋朝建立后，赵匡胤集团在重建中央集权统治的过程中，为了避免重蹈覆辙，充分反思和汲取了五代的教训。因此，其开展的拨乱反正进程多以"防弊"为出发点。其中，围绕以往文武失衡的积弊采取了诸多措施。一方面严禁将帅干政，收缴禁军将帅兵权，削夺藩镇武装，打压武夫跋扈积习以及引导武臣遵纪守法等；另一方面，恢复文官在各级行政机构中的权责，确立科举殿试制度，倡导文教以及确立不杀文臣的规矩（"誓碑"），等等。通过这些双管齐下的举措，赵匡胤集团抑制了过强的武将势力，扶持了弱势的文官队伍，基本恢复了文武关系的平衡。

后世宋人对国初"崇文"的描述，如陈亮所言"本朝以儒立国"[2]等，不过是士人有意识地过分渲染，并不符合史实。即如现存《宋会要》中"崇儒"的篇章，记述了宋朝崇文的无数事例，但涉及太祖朝的内容非常有限。宋太祖毕竟脱胎于五代行伍之身，又面临统一四方的重任，故

1　吕中：《类编皇朝大事记讲义》卷三《太祖皇帝》，第 75 页。
2　《宋史》卷四三六《儒林传六·陈亮》，第 12940 页。

既不可能不重视武功，也不会一味推行文治。事实上，他虽严控禁军统军机构，但无论情感上还是现实中皆不可能歧视武将群体。

宋太宗即位后，统治路线逐渐发生转变，特别是第二次伐辽失败后放弃了大一统的追求，朝政重心转向维持域内的稳定，并以文治成就为主要追求目标。由此，宋太宗萌生了"崇文抑武"的治国理念，如他强调："王者虽以武功克敌，终须以文德致治。"[1] 宋真宗也对宰臣承认："太宗崇尚文史。"[2] 正因为如此，科举制度深受推崇。例如，宋太宗即位不久，就通过科考录取五百多人，不仅规模远超以往，而且打破常规，超等任官，就连宰执都觉得过分，但"上意方欲兴文教，抑武事，弗听"。[3] 当朝人还记载，进士"大则数年便居富贵，小则数月亟预官常"。[4]

与此同时，文官的政治地位迅速上升，成为皇权依靠的主要力量。宋太宗曾公开表示："朕于士大夫，无所负矣。"[5] 而对于武将，他则加大了钳制力度，如滥用"将从中御"手段，甚至以"阵图"束缚，选拔则唯以"循谨"为标准。这种态度明显有着压制与歧视的倾向。淳化三年（992），宫廷藏书的秘阁落成后，宋太宗不仅率

1　李攸：《宋朝事实》卷三《圣学》，《丛书集成初编》第833册，第37页。

2　徐松辑《宋会要辑稿》崇儒四，第2815页。

3　李焘：《续资治通鉴长编》卷一八，太平兴国二年正月庚午，第394页。

4　李焘：《续资治通鉴长编》卷三〇，端拱二年正月乙未，第673页。

5　钱若水修，范学辉校注《宋太宗皇帝实录校注》卷二六，第14页。

近臣登楼观书，又要求三衙将帅也来参观，史称："上意
欲武将知文儒之盛也。"[1] 此举颇能说明朝廷的导向。至
于宋太宗本人的深刻用心，清人王夫之揭示道："宋所忌
者，宣力之武臣耳，非偷生邀宠之文士也。"[2] 因此，文武
关系不可避免地发生逆转，王禹偁在端拱时提出的"抑
儒臣而激武臣"[3] 的激进主张，即说明文盛武衰的迹象已
相当明显。

以文驭武规则前所未有

　　到宋真宗朝，文官士大夫已然崛起，"崇文抑武"也
落实为朝政路线。如王安石指出："本朝太祖武靖天下，
真宗以文持之。"[4] 自此以后，文臣治国的局面完全形成，
北宋中叶人说："今世用人，大率以文词进。大臣，文士
也；近侍之臣，文士也；钱谷之司，文士也；边防大帅，
文士也；天下转运使，文士也；知州郡，文士也。虽有武
臣，盖仅有也。"[5] 宋神宗朝，文彦博敢于当面对皇帝说出
"为与士大夫治天下"。显然，士大夫成为宋代政治的主体

1　李焘:《续资治通鉴长编》卷三三，淳化三年九月己未，第739页。

2　王夫之:《宋论》卷二《太宗》，第37页。

3　李焘:《续资治通鉴长编》卷三〇，端拱二年正月乙未，第673页。

4　王安石:《王文公文集》卷二《上田正言书二》，第29页。

5　《蔡襄集》卷二二《国论要目》，第384页。

力量，武臣则降为附庸，以往历代文武博弈的景象已不再显现。军事领域的变化更值得关注：从宋真宗朝开始，最高军事决策机构——枢密院已逐渐被文臣控制。到宋仁宗时期，前线战区的指挥权亦由文官掌握，武将沦为副职、部将。这种制度化的以文驭武规则前所未有，直至南宋依旧延续，标志着武将本职角色和地位的显著降低。

南宋张演说："宋朝之待武臣也，厚其禄而薄其礼。"[1]这一概括大致反映了宋朝长期对待武将的基本态度：物质待遇收买与政治压制相结合。在文武关系长期失衡的情况下，武将的素质难以得到提高，庸将屡见不鲜，因此更受到歧视。虽然一些明智的将官接受现实，如殿前都指挥使高琼请求赏赐经史，宋代史家对此评说："上崇尚文儒，留心学术，故武毅之臣无不自化。"[2]但对文官抱有怨气的武将也不在少数，以至于产生了文武不和的现象，如欧阳修坦承，大凡武臣与文臣争端，即使理曲，终究不服，因为"尝疑朝廷偏厚文臣"。[3]在宋高宗初期激烈抗金之际，文官提出"驭将三说"，要求恢复严控将帅的传统，便遭到将帅的反驳，"自此文武二途，若冰炭之不合矣"。[4]南宋后期，文官出身的统帅余玠曾上书皇帝："愿陛下视文

1　章如愚：《群书考索·后集》卷二一《官门》，书目文献出版社，1992，第589页。

2　李焘：《续资治通鉴长编》卷六〇，景德二年六月乙未，第1347页。

3　李焘：《续资治通鉴长编》卷一四八，庆历四年四月丙辰，第3590页。

4　李心传编撰《建炎以来系年要录》卷四二，绍兴元年二月癸巳，胡坤点校，中华书局，2013，第910页。

武之士为一，勿令偏有所重。"[1]无非是希望解决武将受到轻视的难题。

终结出将入相传统

自古以来，朝野的价值取向深受政治的影响。以汉唐为代表的时期，王朝有大一统的追求，军功意识广泛存在，故战场立功为发迹的重要途径，投笔从戎的现象相当常见。因此，文武官员相互转换并无障碍，出将入相亦属常态。随着宋太宗朝以来"崇文抑武"治国理念的发展，科举入仕与晋升大行其道，从文遂成为社会风尚的主流。于是，虽在政策和制度上未有限制，宋廷甚至在边防紧迫之际还鼓励文臣出任武职，但实际上已出现了文武之间的隔阂，文官、士人普遍以从军为耻，少有愿意改任武职者。王安石便说："顾以为天下学士以执兵为耻。"[2]有关这方面的事例，可谓不胜枚举。典型者如：状元出身的文臣陈尧咨能文善武，宋真宗曾打算让其转为武职，但陈母闻之大怒，予以阻拦，此事遂寝；范仲淹、韩琦、庞籍及王沿在主持西北四路对夏战事期间，宋廷曾下诏将这四位文官统帅一并改为武职性的观察使。因范仲淹、庞籍、王沿

---

1 《宋史》卷四一六《余玠传》，第12469页。
2 王安石：《王文公文集》卷一《上皇帝万言书》，第7—8页。

三人先后上表坚辞，最终只得作罢。而武官要转为文职，难度则相当大，如宋神宗朝的何去非虽最终如愿，却被降级使用。

　　宋朝宰执大臣绝大多数来自文臣，又以进士科出身者为主。从《宋史·宰辅年表》可见，以往出将入相的传统在宋代遭到终结。考察宋代文武关系演变的历史轨迹，可以从中窥见唐宋政治与社会的变迁。

从"文不换武"现象看北宋社会的崇文抑武风气

　　中国自古以来便有"出将入相"之说，文臣改任军职、武将转为文官的现象不足为奇。如西汉大将周勃以主管军事的太尉之职转任丞相，唐初宰相徐世勣几度出为统兵大总管等。在战争年代，特别是民族危亡之际，文人身上还会迸发出"投笔从戎"的豪情壮志，如唐诗所云："宁为百夫长，胜作一书生。"到北宋时期，社会上却长期存在文官不愿改任军职、武将罕有转为文臣的现象，文武之间的换职出现了相当大的障碍。这一现象无疑是引人深思的社会史问题。

一

有关北宋时期"文不换武"的记载相当多，试先列举几个文官不愿转换为武官的代表性例证如下。

其一，开宝五年（972）冬，宋太祖有鉴于因西川武将处置不当，而引起农民起义、士兵造反不断的局面，便考虑派遣懂军事的文臣前往管军。太祖问宰相赵普，儒臣中有无"武勇兼济"者，赵普遂推荐左补阙、知彭州辛仲甫，认为其"赡辨宏博，纵横可用"。于是，太祖当即将辛仲甫改换为武职，任命为西川兵马都监，同时令辛氏进京接受考察。[1]

从史料记载来看，辛仲甫算得上是一名难得的人才。他出身于五代文官之家，自幼好学，具有相当的文化素养。后周时，辛仲甫进入武定节度使郭崇幕府。宋朝建立后，他继续在郭氏手下任职。辛仲甫精于吏事，多次妥善处理了疑难案件。宋初，郭崇遭人诬陷，宋太祖派人前来查验。郭崇接受辛仲甫的建议，冷静配合朝廷使者，遂幸免于难。[2]更难得的是，辛氏作为一名文官，其武功竟然超群。据说，他初投军时曾向郭崇学习射箭，但后来郭崇在射术上反要拜他为师。如此一来，辛仲甫

1　文莹：《玉壶清话》卷一，第10页；李焘：《续资治通鉴长编》卷一三，开宝五年十二月乙卯，第293页。

2　《宋史》卷二六六《辛仲甫传》，第9179页。

在当时文臣中便颇有一些武名。辛仲甫入京后，宋太祖亲自在宫中对其进行测试。史称，辛仲甫手持"劲弓"，毫不费力就射中靶心。他又穿戴全副坚甲，行走如披"单衣"。太祖对辛氏的武功大加赞赏，便鼓励他认真对待军职，以后可授予刺史之位。然而辛仲甫对此深感遗憾，他向太祖委屈地申辩道："臣不幸本学先王之道，愿致陛下于尧、舜之上，臣虽遇昌时，陛下止以武夫之艺试臣，一弧一矢，其谁不能？"表达了他钟情文官、轻视武职的心情。太祖只得加以劝勉："果有奇节，用卿非晚。"[1] 辛氏只得悻悻地走马军营。但后来他仍然转回文官队列。

其二，宋真宗咸平时，陈尧咨状元及第，名噪一时。此后，其仕途颇畅，屡迁至工部侍郎、权知开封府、翰林学士。据记载，陈尧咨不仅文辞出众，而且在射术上有名于当世，有"小由基"（春秋时著名射士养由基）的佳号。[2] "澶渊之盟"以后，宋辽双方保持来往，但辽使到开封后，常挟能骑善射之长蔑视宋朝。真宗为了挽回脸面，也打算在文臣中寻觅"善弓矢、美仪彩"者，以陪伴对方出入靶场。于是，有人就推荐了陈尧咨。真宗有意让陈氏转为武职，便托人给他带话："陈某若肯换武，当授与节

1　文莹：《玉壶清话》卷一，第10页；李焘：《续资治通鉴长编》卷一三，开宝五年十二月乙卯，第293页。
2　王辟之：《渑水燕谈录》卷九《杂录》，吕友仁点校，中华书局，1981，第113页；欧阳修：《归田录》卷一，李伟国点校，中华书局，1981，第9页。

钺（即节度使）。"按：节度使为当时武将最高军衔，俸禄甚至优于宰相。但当陈尧咨将此事禀告其母后，陈母大怒，一面杖打其子，一面愤愤地责备道："汝策名第一，父子以文章立朝为名臣，汝欲叨窃厚禄，贻羞于阀阅，忍乎？"[1]此事遂寝。

宋仁宗天圣时，由于陈尧咨与执政大臣不和，遭到谤言。结果，"方以词职进用"的陈氏，突然被宣布改为与原官地位差不多相等的宿州观察使的武职，调任知天雄军。这显然属于排挤贬逐之举，自然引起状元出身的陈氏的强烈不满。史称："尧咨内不平，上章固辞。"垂帘听政的刘太后为了安慰他，特亲自加以召见，"敦谕之"。陈尧咨无奈，只得屈从。后其虽官至节钺，却终于未能像两位兄长那样步入中书，只能抱恨死于地方衙门。值得注意的是，陈尧咨晚年性情极为暴躁，所谓"多暴怒"，动辄对属下挥舞大棒。这又很可能是其极度失意情况下宣泄积怨的一种表现。[2]

其三，宋仁宗庆历中，左司郎中、龙图阁直学士范仲淹与文臣韩琦、庞籍及王沿共同主持西北四路对夏战事。也许是出于鼓励军队士气的考虑，宋廷突然下令，将范仲淹等四位文官统帅的文资性官职同时改为属于武官的

1　文莹：《湘山野录》卷中，郑世刚、杨立扬点校，中华书局，1984，第39页；李焘：《续资治通鉴长编》卷一〇五，天圣五年八月丙戌，第2446页。宁可先生文中将陈尧咨事迹写在其兄陈尧身上，乃误。

2　《宋史》卷二八四《陈尧佐传附弟尧咨》，第9589页。

观察使。范仲淹接到这一任命后，上书坚决辞之。他向皇帝这样说道："观察使班待制下，臣守边数年，羌人颇亲爱臣，呼臣为'龙图老子'，今退而与王兴、朱观（二人均为观察使衔带兵将领）为伍，第恐为贼轻矣。"史称其言辞"甚切"。由此可见，即使是"先天下之忧而忧"的范仲淹，虽勇于指挥作战，但也不愿充任武官。继范氏之后，庞籍和王沿也先后上表坚辞，"不肯拜"。[1] 当时唯有韩琦接受了任命，他在给天子的上启中表示了忍辱负重的意思："虽众人之论谓匪美迁，在拙者之诚独无过望。盖以寇仇未殄，兵调方兴，宵旰贻忧，庙堂精虑，使白衣而奋命，尚所甘心……"[2] 不久，宋仁宗只得又恢复了四人原来的文职。无独有偶，据《宋史·张旨传》记载，当时一名叫张旨的地方官坚守城池，打败了西夏军。事后，范仲淹、欧阳修等人推荐其"鸷武有谋略"，宋廷遂改任其为武职，但张氏同样"固辞"，此事只得作罢。

其四，宋哲宗元祐时，苏轼曾几次向皇帝举荐一名"不幸"沦为武职的文士。据苏轼的奏文可知，有一位名叫何去非的文人，在先朝曾六次落第。元丰五年（1082），才以特奏名的途径通过了省试。何氏虽屡挫于科场，但饱读兵书，善于论军谈兵。在最后殿试时，宋神宗对其兵

<hr>

1　《宋史》卷三一四《范仲淹传》，第 10271 页；卷三一二《韩琦传》，第 10223 页；李焘：《续资治通鉴长编》卷一三六，庆历二年五月癸亥，第 3266 页。
2　韩琦：《安阳集》卷三七《谢观察使启》，《宋集珍本丛刊》第 6 册，第 553—554 页。

学见识颇为欣赏，便问他可否充任武职。何去非"不敢违圣意"，遂被迫接受了右班殿直、武学教授之职。以后迁至武学博士，先后著有《何博士备论》、《司马法讲义》及《三略讲义》等兵书。苏轼与何氏相识后，叹服其才学，认为其识度高远，有补于世，于是在元祐四年（1089）初向哲宗上奏推荐何氏。苏轼在上奏中称：何去非"虽喜论兵，然本儒者，不乐为武吏"。苏轼建议允许其换为文资，仍做太学博士，"以率励学者，稍振文律"。[1] 以后，在苏公的关心下，何去非虽转为文资性的承奉郎，但毕竟因为有武职出身的背景，所以被差遣到徐州任州学教授，官职明显降级。如苏轼所说："比于博士，乃似左迁。"次年十月，苏轼再次上奏替何氏鸣不平，希望朝廷能重用何去非这样的有用之才。[2] 然而，以兵学见长的何去非最终不过做到州通判之类的地方官。诸如此类记载，在北宋可谓不胜枚举。

从以上几例可以清楚看出，北宋文臣中普遍存在以从军为耻的观念，少有愿意改换武职者。更有意思的是，景德初，尚书左丞陈恕临终前因为其长子曾私用了自己的钱财，为了发泄不满，竟向真宗诉说不肖之子常与无赖交友，又好习武，所以请求将其黜为外地军官。不过，真宗

1　《苏轼文集》卷二九《举何去非换文资状》，孔凡礼点校，中华书局，1986，第837页；何薳：《春渚纪闻》卷六《东坡事实》，张明华点校，中华书局，1983，第86页。

2　《苏轼文集》卷三一《进何去非备论状》，第897页。

考虑到丞郎以上文臣子弟不宜沦入军伍，还是授予陈恕之子外州司马的文资官衔。[1]

二

就北宋一百六十多年的历史而言，不能说完全没有接受，甚至主动要求换武职的文官，但有关这方面的记载既不多见，这些官员的结局又常常相当凄惨。典型的例子如下。

其一，宋初文坛俊杰柳开，虽以进士出身入仕，但因性情豪爽，厌烦地方官的案牍琐事，遂在太宗朝上书要求进入军旅，报效沙场。于是，柳开由殿中侍御史的文职改换为崇仪使的武职，一度到河北前线任职。然而，在此之后柳开难以施展抱负，只能辗转、困顿于地方，最终死于七品如京使的武官之位上。不仅如此，柳氏因为有了从武的经历，最终还在士大夫笔下留下了嗜杀，甚至喜食人肝的传闻。[2]

其二，宋仁宗登基之初，先朝强于吏才的吏部侍郎、三司使李仕衡，官拜尚书左丞。但李氏因年高且患足疾，难以继续担当重任，不久便被改为同州观察使的武职，出

1　《宋史》卷二六七《陈恕传》，第 9203 页。
2　《宋史》卷四四〇《文苑传二·柳开》，第 13024—13028 页；江少虞：《宋朝事实类苑》卷七四《诈妄谬误》，上海古籍出版社，1981，第 986 页。

知陈州。之后，李仕衡受到女婿、枢密使曹利用狱案的
牵连，被贬为左龙武军大将军的闲职，遭到分司西京（洛
阳）看管的下场，抑郁而终。[1]

其三，天圣时，工部尚书、翰林学士承旨兼侍读学士
李维在使辽期间，曾奉辽帝之命即席而就《两朝悠久诗》，
颇得对方的赞赏。还朝后，仁宗依惯例欲擢李维为枢密副
使。但有人指责李维在辽国写诗时"不当自称小臣"，有
辱本朝体面。结果，李氏仅得到转迁刑部尚书的虚衔。史
称，李维在翰林之位上任职已久，"厌书诏之劳"。加上遭
到此次意外打击，心灰意冷，便拒绝接受新头衔，而援引
昔日李仕衡故事，要求改换武官。李维遂出为相州观察
使。不料，李氏换武的任命公布后，立即引起了一片非
议。有言官上奏弹劾道，李维"以词臣求换武职，非所以
励廉节"。[2]按：北宋观察使虽名位不算显赫，更无实权，
但俸禄不薄。如李维所任翰林学士承旨的官职，月俸钱不
过一百二十贯，而观察使的月俸钱则为二百贯，其俸禄与
参知政事、枢密副使基本相同，[3]这种俸制规定是宋初收兵
权时给武将的一点经济补偿。所以，身居清华之位的李维
仕途受阻后，转求观察使的举动，虽在情理之中，却不免
遭到文臣的蔑视。

其四，宋仁宗庆历时，右侍禁蒙守中"自陈不愿为

1　《宋史》卷二九九《李仕衡传》，第9936—9938页。
2　李焘《续资治通鉴长编》卷一〇四，天圣四年三月戊寅，第2402—2403页。
3　《宋史》卷一七一《职官志十一》，第4112—4114页。

武吏",被允许改换为大理评事的文职。不过,蒙氏的出身、经历非同一般,其早年曾进士及第,景德初不幸"陷契丹"。以后回归本朝,才被授以武职。[1]在对夏战争期间,还有种世衡、张亢两位文官因为关心国防,多次提出用兵方略,而被转换为武职。种、张二人可谓北宋少见的有为边臣,但最终遭到压制,仕途坎坷,至死未能显达。[2]诸如此类,不再赘述。

如果说北宋时文臣主动改换武职的现象较为少见的话,那么武官转为文官的事例就更为稀有。北宋人孙逢吉所著《职官分纪》和南宋人江少虞所著《宋朝事实类苑》内有"武臣换文"一目,但所记仅有一例,即:宋太宗朝,钱昱曾由白州刺史的武职换为秘书监的文职。钱氏迁官至工部侍郎后,再度转换为观察使的武职。[3]

其实还有几例值得一提。太平兴国初,吴越王举国归宋,吴越王之子钱惟演因其特殊的出身背景,被宋廷援引惯例授以象征性的武官之职。但钱惟演自幼善诗赋,不甘心于武名,遂向朝廷献上诗文,请求转换文职。后在皇帝的直接过问下,钱氏由右神武将军改为太仆少卿。[4]另太宗时,夏竦因"父殁王事",获得三班差使的低级军职。

1　李焘:《续资治通鉴长编》卷一四〇,庆历三年四月丙午,第3365页。

2　《宋史》卷三三五《种世衡传》,第10741—10744页;卷三二四《张亢传》,第10482—10490页。

3　孙逢吉:《职官分纪》卷四九《文武换官》,中华书局,1988,第862页;江少虞:《宋朝事实类苑》卷二八《官职仪制》,第356页。

4　《宋史》卷三一七《钱惟演传》,第10340—10342页。

不过，夏竦自恃能文，不愿居于军人之列，他便以诗文拜献于宰相李沆马首，倾吐了向往文职之意。终于在李沆的荐举下，夏竦跳出军伍，改任某县主簿。[1] 与当时文官转武职后的凄惨结局相比，钱、夏二氏由武转文后，都仕途颇畅，乃至位极人臣。这又从反面证明了当时"文不换武"之风的存在。

北宋元丰时期，为了振兴武备，改变国防颓势，宋神宗曾一度打破常例，允许武官申请考核词赋水平，凡能通过测试者，便可换为文资官衔。宋神宗此举，显然有打通久已隔阂的文臣武将之间的关系，以减弱歧视武人的偏见的用意。如宋神宗曾对主管吏部的官员说："三代、两汉本无文武之别。"[2] 但是，进入宋哲宗元祐之时，各项变法措施先后遭到清算，武臣换文资的制度也自然被视为一种弊政。元祐二年，朝中文臣们便议论，武官通过考词赋换文资后，"待之至厚"，乃产生了请托、侥幸的"恶习"。于是，在他们的强烈要求下，这一制度被废除。用当时朝臣的话解释便是："故不得不革，非有他也。"[3]

不久，与以上举措相配合，右正言刘安世又向执政大臣反映，祖宗创设儒馆，意在养育人才，"名卿贤相，多出此途"。但近年，官员或凭借门第出身，或通过理财聚

1　魏泰：《东轩笔录》卷二，李裕民点校，中华书局，1983，第 20 页；《宋史》卷二八三《夏竦传》，第 9571 页。

2　王称撰，吴洪泽笺证《东都事略笺证》卷八九《苏颂传》，上海古籍出版社，2023，第 965 页。

3　李焘：《续资治通鉴长编》卷四〇七，元祐二年十一月乙亥，第 9904 页。

敛，或以"军功"，皆可获得馆职。因此，他要求恢复旧制，以文学出身及其才能作为入馆标准，严格限制入选人数。[1] 刘氏所说的儒馆，即所谓"馆阁"，包括史馆、昭文馆、集贤院及秘阁，统辖于崇文院内。长期以来，馆阁一直被视为清华之地，直馆、修撰、校勘等馆职都被目为"华选"，在仕途上升迁颇快。同时，宋廷也常将馆职加授于有文名而受器重的文臣，此称"贴职"。[2] 但是，贴职并不随意授人，其入选条件颇为苛刻，像以军功起家的官员通常与其无缘。元丰五年，宋神宗放松了对馆阁兼职的限制，对边关功臣也授以馆职，这又显然与允许武臣换文职的措施一样，含有鼓励军功的意义。因此，在"元祐更化"的背景下，文臣们自然要收回这一原本属于他们的特权，将兵武色彩清扫出"儒馆"。

三

通过上述几方面的事例，可以清楚地看出北宋时期存在突出的"文不换武"现象，而这一现象的产生，则有着深刻的历史及现实背景。

1　李焘:《续资治通鉴长编》卷四一二，元祐三年七月壬戌，第 10029 页。

2　《宋史》卷一六二《职官志二·诸修撰直阁》，第 3821—3822 页；参阅倪士毅《北宋馆阁制度述略》，邓广铭、郦家驹等主编《宋史研究论文集》(1982 年年会编刊)，河南人民出版社，1984，第 201—218 页。

　　众所周知，中唐开始的藩镇割据局面，至五代时进一步造成武夫跋扈、悍将称雄的后果。此时，割据王朝帝王皆出自军阀，朝中大政操于亲信大将之手，地方更陷于节度使控制之下。皇权一时沦落式微，天子常常被武将玩弄于股掌之上。后晋时大将安重荣曾毫无愧色地说："天子，兵强马壮者当为之，宁有种耶！"[1]与此同时，文臣地位扫地，不仅仰承武夫鼻息，还往往有身家性命之忧。后汉时，军帅史弘肇曾宣称"安朝廷，定祸乱"者，直须长枪大剑，"至如毛锥子，焉足用哉"。[2]此语正道出了当时武将们的普遍心声。所以，不但地方文臣依附于武臣，纵然是朝中宰相也要对掌管兵权的枢密使唯命是听。如王安石便指出："五代用武，故政出枢密，宰相备位而已。"[3]数十年间，文臣饱受强兵悍将凌辱，甚至屡遭杀戮。清代史家即评价道，士人生于此时，缠手绊足，"动触罗网，不知何以全生也"。[4]正因为如此，当时社会上便形成了强烈的"重武轻文"风气，世人大都视军旅为发迹要途。如五代时将领侯章所说："我粗人，以战斗取富贵。"[5]于是，许多文人学子也弃文从武，加入行伍的队列。如历仕后晋、后汉及后周三朝节度使的焦继勋，青年时喜好读书，但

1　《旧五代史》卷九八《安重荣传》，第 1302 页。

2　《旧五代史》卷一〇七《史弘肇传》，第 1406 页。

3　李焘：《续资治通鉴长编》卷二一一，熙宁三年五月丁巳，第 5139 页。

4　赵翼著，王树民校证《廿二史札记校证》卷二二《五代幕僚之祸》，第 476 页。

5　《宋史》卷二五二《侯章传》，第 8859 页。

在兵火岁月中无法施展才能。当看清书生可悲的前途后，他愤而发誓："大丈夫当立功异域，取万户侯，岂能孜孜事笔砚哉？"遂毅然投笔从戎，置身战场之中，终于如愿以偿。[1]

在上述背景之下，北宋从开国伊始便全力推行强化中央集权的方针，在重新确立天子权威的同时，也对长期存在的文臣武将之间关系严重失衡的问题刻意加以解决。但在宋朝初年，社会上武风依然甚烈，将官们对文臣仍然相当轻蔑。像大将高怀德，性情粗犷，厌烦书本文辞，对来客不加礼貌，其骨子里仍然看不起士大夫。[2]甚至还有武将敢于敲诈朝中大臣。如功臣将领王彦昇在任京城巡检一职时，曾借机夜闯宰相王溥家门，以索酒为名进行敲诈。[3]

面对积习已久的骄兵悍将逞强、文臣委琐吞声的局面，不仅广大文官深为不满，宋初最高统治者也从中看出了潜在的危险。武将敢于在文人面前飞扬跋扈，实际上便是漠视朝廷法度，乃至天子权威的一种表现。文官长期受到压制只能导致武将势力的过度膨胀，使国家机构中文武职能无法保持均衡，其结果是既无法使社会得到安定，也难以根绝兵变。更何况千余年来封建文人高扬的儒家学说，又是以维护国家大一统局面和君臣关系为宗旨。于是，宋太祖、太宗朝在实行收兵权等各项措施的同时，一

1　《宋史》卷二六一《焦继勋传》，第9042页。
2　《宋史》卷二五〇《高怀德传》，第8821—8823页。
3　《宋史》卷二五〇《王彦昇传》，第8829页。

方面给予军事将领优厚的经济待遇，另一方面则从各个方面对其政治地位和权威加以抑制。宋人对此有这样的评说："宋朝之待武臣也，厚其禄而薄其礼。"[1]朱熹也指出："如武臣诸节度、副总管诸使所以恩礼隆异，俸给优厚者，盖太祖初夺诸镇兵权，恐其谋叛，故置诸节度使，隆恩异数，极其优厚，以收其心而杜其异志。"[2]通过一系列的防微杜渐措施，不仅消除了将帅自专军队、干预政治的问题，而且极大地降低了武官的角色地位，使文官掌管了中央和地方的管理大权，并有意提高文臣的社会地位，处心积虑地在朝野营造"崇文"的气氛。如此一来，在政治上逐渐树立了文臣的权威和影响，在社会上则培植起"崇文抑武"的风气。武将随着地位的日渐下降，既无权染指朝政，又在各方面屈从于文臣。

从有关文献记载来看，北宋建立后，宋太祖便在各方面表现出尊儒崇文的倾向。如太祖登基不久，便下令扩修国子监中的儒家先圣祠庙，重新塑造和绘制"先圣、先贤、先儒之像"。赵匡胤不仅亲自为孔子及颜回作赞文，还一再率群臣幸临国子监，拜谒文宣王庙。建隆三年（962），太祖又下诏对文宣王庙行使一品礼仪。[3]这些举动固然大都属于礼仪的范围，但对孔子及儒家是否行礼，又采取何种礼，往往是当政者对儒臣文士态度如何的一种标

1　章如愚：《群书考索·后集》卷二一《官门》，第589页。
2　黎靖德编《朱子语类》卷一二八《本朝二·法制》，第3074页。
3　李焘：《续资治通鉴长编》卷三，建隆三年六月癸巳、乙未，第68页。

志。五代后梁时，孔庙便失去祀礼，以后虽有恢复，但无人重视。[1] 这种"礼崩乐坏"的现象，正是当时武人摧毁文臣精神的反映。因此宋太祖对文宣王庙和国子监的礼遇，便向天下传达了"崇文"的信息。

又如，文人入仕的主要渠道——科举制度，也在宋太祖一朝迅速得到重视，步出艰难、寂寞的境地。北宋建立次年，遵循旧制举行科考，仅录用进士 11 人。[2] 但此后随着"崇文抑武"局面的初生，录取举子的人数逐渐增加。开宝中，进士和诸科中举者已达百余名。[3] 开宝三年，宋太祖在录用合格科考者外，又下特旨赐 106 名曾 15 次落第者进士、诸科出身。[4] 由此而开两宋科举"特奏名"先例，扩大了录用文官的数量。此后赵匡胤还以考生状告考官不公为由，亲自对举子进行测试，然后才予以放榜，于是形成了"殿试"定制。[5] 天子主持殿试，显然是向天下做出"礼贤下士"的姿态。如此一来，中举入仕的文臣都成了"天子门生"，其荣耀之感自然非昔日可比。"故圣朝广开科举之门，俾人人皆有觊觎之心，不忍自弃于盗贼奸宄。""英雄豪杰皆汩没消靡其中而不自觉。"[6] 据宋人记载，太祖在世时还曾在宫中竖有石碑，令后世继承者跪

1　《宋史》卷一〇五《礼志八·文宣王庙》，第 2547 页。

2　李焘：《续资治通鉴长编》卷三，建隆二年二月癸酉，第 39 页。

3　李焘：《续资治通鉴长编》卷一四，开宝六年三月辛酉、癸酉、乙亥，第 297 页。

4　李焘：《续资治通鉴长编》卷一一，开宝三年三月壬寅、甲辰、庚戌，第 243 页。

5　李焘：《续资治通鉴长编》卷一四，开宝六年三月乙亥，第 298 页。

6　王栐：《燕翼诒谋录》卷一《进士特奏》，诚刚点校，中华书局，1981，第 1 页。

读。碑文内容之一，便是不杀文臣士大夫。[1] 这一戒律正反映了宋太祖对文官的宠遇。

可以说，北宋开国皇帝体会到儒学苦心维护封建朝廷法纪的用意后，不仅愿意听到文臣们发出的"君尊臣卑"的呼声，而且也希望看到武夫们的举动符合儒家所定的君臣关系标准。所以，宋太祖曾要求："今之武臣，亦当使其读经书，欲其知为治之道也。"[2]

正所谓：上有所好，下必甚焉。宋太祖既有如此殷切的愿望，武将中自然便有人出来响应。据史籍反映，一些武将看到太祖有尚文的举动，便也找来书本阅读，以至于还闹出一些笑话。如禁军大将党进本不识字，但也不甘落伍。某次，党进奉命奔赴前线。临行前，他想对太祖致辞以示告别，掌管宫廷导引的官吏劝他，作为武将，不必如此。但党进执意要做，官吏只得替其在笏板上写下辞行的话语，教他熟记下来，然后一同登殿。结果，党进"抱笏前跪"，一时忘记所背之词，又不认识笏板上的字，场面颇为尴尬。也算党氏机智，他突然抬头看着天子，高声道："臣闻上古，其风朴略，愿官家好将息。"听党进说出如此话语，连侍卫们都不禁掩口失笑。当党进出宫后，左右问他何故说出如此之句，谁知党进说道："我尝见措大们爱掉书袋，我亦掉一两句，也要官家知道我读书来。"[3]

1　李心传编撰《建炎以来系年要录》卷四，建炎元年四月丁亥，第128页。
2　司马光：《涑水记闻》卷一，第15页。
3　文莹：《玉壶清话》卷八，第76页。

这实在可以说是一个笑话，但足以说明宋太祖的崇文态度，对武夫们产生了多么大的影响。

宋太祖在位后期，明智的将领们已适时调整了自己的心态，对文官们采取了恭敬的态度，其中又尤以曹彬最为突出。为人谨慎的曹彬看出朝廷崇文的用意后，遂在与文人交往中表现出谦卑的姿态。有关曹氏这方面最具说服力的事例，莫过于他在外出途中遇到文臣的反应。据记载，曹彬虽位居枢密使的高位，但每次在道中碰到士大夫的车马，他都"必引车避之"。[1] 这一极端化的举动在以往历史上实在罕见，而其之所以出现于北宋，正是当时"崇文抑武"国策影响下的产物。当尊严和荣誉在与利益和前途发生冲突时，生存于专制集权体制下的现实主义者，可能采取的行动通常便是压抑前者而维护后者。作为一个明智的军方首脑，曹彬自然会审时度势，苦心塑造自我形象，以迎合太祖的欢心。

宋太宗即位后，更表现出空前的崇文热情。如在即位仅两个月后，他就亲自安排科考，录取进士、诸科及特奏名五百多人，大大超过以往的规模，甚至连执政大臣都觉得过分。但"上意方欲兴文教，抑武事，弗听"。[2] 又如，太宗称帝后对号称天下文渊之薮的三馆（昭文馆、集贤院和史馆）极为器重，因嫌其原址狭小，特下令斥巨资迁址

1　《宋史》卷二五八《曹彬传》，第 8982 页。

2　李焘：《续资治通鉴长编》卷一八，太平兴国二年正月庚午，第 394 页。

重建，并多次亲临工地监督。当"轮奂壮丽，甲于内庭"
的三馆建成后，太宗又亲赐名为"崇文院"。[1]再如，淳化
三年（992），新建的秘阁落成后，太宗不仅率文臣登楼
观书，设宴款待众人，而且还要求禁军首领也来参观，所
谓"帝欲其知文儒之盛故也"。[2]还值得一提的是，太平兴
国八年（983），太宗将沿袭已久的宫中内殿——"讲武
殿"，更名为"崇政殿"。[3]此举看似枝节小事，实则反映
宋王朝"崇文抑武"政策的深化。难怪宋太宗为翰林学士
院题写"玉堂之署"四字之后，翰林学士李昉激动地咏出
"君恩无似此时深"的诗句。[4]

　　也正是在宋太宗时代，随着两次北伐的失败，统治
集团眼光完全转向内部，在大力推行崇文方针的同时，对
武将实行了前所未有的抑制，甚至打击政策。武官们在政
坛上一时黯然失色，其地位和影响力远远低于文臣。这种
局面的存在，就连当时一些文官都觉得过分。如端拱二年
（989），文坛俊杰王禹偁向太宗上奏道："自陛下统御，力
崇儒术，亲主文闱，志在得人，未尝求备。大则数年便居
富贵，小则数月亦预官常。或一行可观，一言可采，宠锡

1　李焘：《续资治通鉴长编》卷一九，太平兴国三年正月癸丑、二月丙辰，第422
　　页；江少虞：《宋朝事实类苑》卷二《祖宗圣训》，第15页。

2　江少虞：《宋朝事实类苑》卷二《祖宗圣训》，第23页；《宋史》卷二六六《李至
　　传》，第9176页。

3　李焘：《续资治通鉴长编》卷二四，太平兴国八年四月壬子，第544页。

4　李昉：《御书飞白玉堂之署四字颁赐禁苑今悬挂已毕辄述恶诗一章用歌盛事》，
　　《禁林宴会集》，洪遵辑《翰苑群书》，《丛书集成初编》，第34页。

之数，动逾千万。""但恐授甲之士，有使鹤之言，望减儒冠之赐，以均战士之恩。"王禹偁甚至提出了"抑儒臣而激武臣"的激进主张。[1] 透过王禹偁及当时田锡等几位文臣的议论，不难看出宋初以来的"崇文抑武"政策至此已远远走过了头，造成了武官饱受歧视的严重后果。清代思想家王船山对此一针见血地指出："宋所忌者，宣力之武臣耳，非偷生邀宠之文士也。"[2] 但在宋太宗朝，这一局面并未得到改变。到宋真宗以后，其政策反而变本加厉，甚至连战场上的用兵指挥权也交给了文官，将领完全受到文臣的支配。如范仲淹所说："且遣儒臣，以经略、部署之名重之，又借以生杀之权，使弹压诸军。"[3] 又如宋哲宗时人刘挚所指出："不以武人为大帅专制一道，必以文臣为经略以总制之。武人为总管，领兵马，号将官，受节制，出入战守，唯所指麾。"[4] 于是，武夫备受压制和歧视，从而产生了一大批诸如傅潜、杨崇勋、郭承祐及夏守赟之类的怯懦无能的将帅。另据宋真宗朝宰相王旦之子王素追忆，颇有谋略的武臣马知节与文官王钦若、陈尧叟同在枢密院，"一日，上前因事相怂。上召公（王旦），至则见冀公（王钦若）喧哗不已，马则涕泣"。[5] 由此可以窥见当时

1　李焘：《续资治通鉴长编》卷三〇，端拱二年正月乙未，第 673 页。

2　王夫之：《宋论》卷二《太宗》，第 37 页。

3　李焘：《续资治通鉴长编》卷一四六，庆历四年正月辛未，第 3528 页。

4　刘挚：《上哲宗论祖宗不任武人为大帅用意深远》，赵汝愚编《宋朝诸臣奏议》
　　卷六五，第 724 页。

5　王素：《王文正公遗事》，张其凡、张睿点校，中华书局，2017，第 48 页。

武将所处的低下地位。难怪宋仁宗天圣时，宰相王曾便毫不客气地将地位与宰相相等但出身武将的枢密使张耆，蔑称为"一赤脚健儿"。[1]后来，名将狄青进京赴任枢密副使，竟被文人们贬呼为"赤枢"（当时对军人有"赤老"的蔑称）。[2]而翰林学士欧阳修也敢于轻视枢密使、老将王德用，讥讽道："老衙官何所知。"[3]

正所谓"彼一时，此一时"。曾几何时，武人们为所欲为的岁月痕迹尚依稀可见，北宋统治者已将文官推到了社会的前列，所谓"满朝朱紫贵，尽是读书人"。[4]于是，在"崇文抑武"风气熏染之下，世人必然抛弃了五代时令人鼓舞的"以战斗博富贵"的理念，而愿意将一番抱负投于文臣的角色之中。在此形势之下，文官便羞于与武人为伍，更不愿转为军职。也正因为如此，宋太祖时的文官辛仲甫当然对转任武职之事不会热心；宋真宗时，陈尧咨也终于拒绝了"节钺"的诱惑，而陈氏对后来朝廷改任自己为武职的做法，理所当然地表示了强烈的不满；宋仁宗朝，范仲淹等名臣也很自然地要坚辞宋廷下达的改换武职的命令；其后的小臣何去非，如果说在神宗朝提倡武备的形势下尚能勉强接受武官之职的话，到哲宗朝"元祐更

化"以后，就不能不深感冤枉了；至于钱惟演、夏竦等个别武职出身的文人，则实在要庆幸能够顺利转入文官队列。

综上所述，北宋时文臣武将之间存在巨大的鸿沟，彼此换职已不多见，文臣不愿充任武官，武将更难转为文职。推究其因，即在于当时"崇文抑武"政策及风气的影响。而这一特有现象的存在，也从一个侧面表明北宋是一个"尚武"精神沦落的时代。

从呼延赞事迹看宋初朝政路线的演变

呼延赞是一名历经宋初三朝的武将，以作战勇猛出名。就其地位和生平功业而言，在当世并不特别突出，传世的文献记载也不丰富，然而其本人及家族强烈的武勇作风和志向异常醒目。尤其是将呼延赞其人其事，放置于当时施政路线的演进过程中加以考察，不仅可展示宋初武将命运的跌宕，还能以小窥大地从一个侧面折射出宋初的朝政变化。

一　呼延赞的生平履历

要展开本文的探究，先须从呼延赞的出身入手。据《宋史》本传记载，呼延赞为并州太原（今属山西）人，出身于军伍之家，其父呼延琮在后周时期官至淄州马步都指挥使。[1]考诸呼延姓氏，源出匈奴，原本称呼衍。唐人颜师古考证曰："呼衍，即今鲜卑姓呼延者是也。"[2]说明呼延氏为唐朝时鲜卑族姓氏之一。宋人郑樵指出，匈奴之呼衍，"入中国改为呼延氏"。郑樵将呼延氏列为代北的重要复姓之一，[3]反映了唐、五代以降呼延氏延续和存在的现实。众所周知，河东北部长期为"番汉杂居"地区，特别是唐末、五代为"胡汉"交融之区，以沙陀族为核心的代北集团，一时还成为影响中原的重要军事力量。[4]因此，考察呼延赞的身世时，可以首先推断其"胡族"（鲜卑）背景；其次，其父官至后周淄州马步都指挥使，这一官职属藩镇属下的地方中级军将，表明他归属行伍出身的武将之家。

观察呼延赞的生平，不能不注意到他成长的时代背景。唐末五代时期，社会动荡、兵戈不息，当此之时，

1　《宋史》卷二七九《呼延赞传》，第 9488 页。

2　《汉书》卷九四上《匈奴传上》，中华书局，1962，第 3752 页。

3　郑樵：《通志》卷二九《氏族略第五·代北复姓》，中华书局，1987，第 474 页。

4　参见樊文礼《唐末五代的代北集团》，中国文联出版社，2000。

投身军旅成为许多人谋生和发展的重要选择。如五代后期的藩镇将领焦继勋原本为书生，在认清时局后便发誓："大丈夫当立功异域，取万户侯。岂能孜孜事笔砚哉？"[1]从此转投军营。尤其是当时的武将家庭，还出现了世代从军的现象。呼延赞生于武风甚烈的五代后期，在家乡河东的尚武风气和武人家庭环境的熏染下，少年时代便走上从军之路，成为一名骑兵，这其实正是那个时代驱使的结果。

　　呼延赞一生的经历，从表面看来并不复杂。宋朝创建之初，呼延赞"以其材勇"引起宋太祖的注意，被调为禁军殿前司东班承旨，进入皇帝的宿卫诸班直卫士队列。诸班直卫士，通常非武艺绝伦者不得入，此事足以说明呼延赞体质与武功超群。不久，他被擢为侍卫马军司骁雄军使，成为马军都一级带兵官，统辖百余骑兵。乾德二年（964），呼延赞随大将王全斌出征后蜀，冲锋陷阵，身受多处创伤，所谓"身当前锋，中数创"，因战功而升为营副指挥使。宋太宗登基后，在亲自选拔禁军军校时，显然又注意到这位骁勇的斗士，命他为铁骑军指挥使。在围攻北汉太原城之日，呼延赞作为先锋出击，他在攀登城垣时先后四次从城堞坠下，从而受到宋太宗的当面奖赏。呼延赞还参加了随后的第一次北征辽朝的幽燕之役，大概因为此战以宋军失败而告终的缘故，史书对这位普通军官的事

1　《宋史》卷二六一《焦继勋传》，第9042页。

迹，也就语焉不详。此后，呼延赞随大将崔翰戍守御辽重镇定州（今属河北），因其勇猛又得到主帅的称赞和上报。呼延赞军职也随之升迁，先后被擢为马军副都军头、内员寮直都虞候。[1]内员寮直为宋朝皇帝近卫的殿前司骑兵诸班直之一，都虞候则为其长官。[2]按照宋朝习惯，呼延赞在河北获得的这些新军职，属于加官性质，他并不到京师宿卫军就任。由此可见，呼延赞以作战勇猛并战功显著而受到关注。雍熙四年（987），呼延赞加官马步军副都军头。此军职为宋初禁军军头司（后改名为御前忠佐军头司）官衔，级别仅次于马步军都军头，[3]可加给在外带兵的武将。

　　大约在雍熙四年升迁后，也是北宋第二次北伐失败的次年，呼延赞向朝廷献上自己所作的作战阵图、用兵要略及安营扎寨之策等，并主动请求带兵戍边。于是，宋太宗召见了他，令其在皇宫内演示武艺。据记载，呼延赞身披全副铠甲，跨上战马，双手挥舞铁鞭、枣槊，"旋绕廷中数四"。呼延赞自己操练完毕，又将四个儿子必兴、必改、

1　《宋史》卷二七九《呼延赞传》，第 9488 页。有关呼延赞军职的级别情况，见于《宋史》卷一八七《兵志一·禁军上》，第 4570—4585 页；并参见王曾瑜《宋朝军制初探》（增订本），中华书局，2011，第 15、20、42 页。

2　章如愚：《群书考索·后集》卷四〇《兵门》，第 711 页；《宋史》卷一六六《职官志六·殿前司》，第 3928 页。

3　《宋史》卷一八七《兵志一·禁军上》，第 4601 页；马端临：《文献通考》卷五八《职官考十二》，第 1744 页；章如愚：《群书考索·后集》卷四〇《兵门》，第 711 页。

必求及必显引见给皇帝。正是"将门出虎子"，他的四个儿子也个个能舞剑盘槊，可谓满门武艺超群。宋太宗显然对呼延赞父子的表现感到满意，遂赏赐白银数百两，又赏给其四子每人一身衣装，但没有满足呼延赞领兵戍边的请求。

端拱二年（989），呼延赞获得遥领富州刺史的加衔，这属于中级武将通常享有的待遇。不久，他迁官御前忠佐军头司马步军都军头。淳化三年（992），呼延赞出任保州（治所在今河北保定）刺史、冀州（治所在今河北衡水市冀州区）副都部署，成为河北前线的地方官兼本地驻屯军副长官，实现了他的愿望。史称，呼延赞到任后，因"无统御才"，即缺乏统管部下的才能，故被改调到辽州（治所在今山西左权）任刺史。在辽州任内，又因不善治理民事，淳化五年被召回御前忠佐军头司任马步军都军头，遥领扶州刺史。随后，获迁加领康州团练使。[1]

咸平二年（999），因辽军大举南犯，宋真宗率百官亲征到大名（今属河北）。在这次皇帝亲征行动中，呼延赞曾与另一武将王潜出任扈从大军的先锋之职。[2] 宋真宗抵达大名行宫后，他又出任行宫内外都巡检，参与承担皇帝行宫内外的保卫任务。但由于宋真宗并未真正到达前

1　《宋史》卷二七九《呼延赞传》，第 9488 页；李焘：《续资治通鉴长编》卷三三，淳化三年九月乙卯，第 739 页。

2　李焘：《续资治通鉴长编》卷四五，咸平二年十一月辛酉，第 971 页；徐松辑《宋会要辑稿》兵八，第 8759 页。

线，故呼延赞也没有获得参战的机会。次年，皇太后下葬陵园，他受命负责葬礼的护卫和仪仗。在葬礼结束返回后，呼延赞即死去。[1]

二　呼延赞的志向与风格

呼延赞作为一名武将，身怀超群武艺，作战异常勇猛，"有胆勇""鸷悍"，吻合了"文臣不爱钱，武臣不惜死"的说法，因此具备了本职角色应有的素质，值得称道。据说，呼延赞因追慕唐初胡族名将尉迟敬德为人，遂自称"小尉迟"。这一称呼流传甚久，直到南宋时尚保留相关记载。[2]

尤为引人瞩目的是，呼延赞具有强烈的报国杀敌心。据记载，呼延赞以深受朝廷恩典，发誓与北方强敌契丹不共戴天，他经常表达宁死于沙场的意愿。[3]他性情虽颇为粗悍，但极有胆魄，在全身遍体刺上"赤心杀契丹"几个字，不仅他本人如此，而且连其妻子和家仆也不例外。呼延赞又与诸子都在耳后刺有"出门忘家为国，临阵忘死为

1　《宋史》卷二七九《呼延赞传》，第 9489 页。

2　《锦绣万花谷》前集卷一五《将帅》，《景印文渊阁四库全书》第 924 册，第 186 页。

3　李焘：《续资治通鉴长编》卷三三，淳化三年九月乙卯，第 739 页；《宋史》卷二七九《呼延赞传》，第 9489 页。

主"两行小字。[1] 在此需要说明的是，面部刺字乃当时士卒与罪犯所共有的标志，含有耻辱之意。结合宋初以降的边防形势，宋辽双方发生了激烈的战争，特别是北宋第二次北伐以失败告终，从此宋朝承受了巨大的边防压力，"契丹仍岁内侵，河朔萧然"。[2] 特别是雍熙三年的望都（今属河北）、君子馆（今河北河间北）之战，宋军接连惨败，军队斗志大受挫伤，"自是河朔戍兵无斗志"。[3] 因此，呼延赞及其全家不忌耻辱的刺字行为，正表达了其强烈的报国志向和积极投身抗辽事业的决心。

不仅如此，呼延赞甚至还做出一些极度违背人情的事来。史称，呼延赞为了使家中幼儿长大后身体强健，并且能耐住严寒，竟然在隆冬季节用冷水浇灌孩子。他的这些做法，常为世人不理解，其实也反映了他严酷培养子弟，为将来做好迎战准备的心理。

呼延赞还自己设计兵器，先后打造出降魔杵、破阵刀和铁折上巾等特殊兵器，两面都开成利刃，皆重达十数斤。[4] 考诸这些兵器，当为针对辽军装甲骑兵而设计。虽然没有当时使用的记载，但在以后存在相关的例证。如杨

1　关于呼延赞与家人身体刺字的内容，记载略有不同，一为"赤心杀契丹"，见于李焘《续资治通鉴长编》卷三三，淳化三年九月乙卯，第739页；另一为"赤心杀贼"，见于《宋史》卷二七九《呼延赞传》，第9489页。宋真宗朝澶渊之盟后，宋辽两国消除敌对，以兄弟相称，故国史不再书写仇恨契丹的文字。但呼延赞刺字之事，在澶渊之盟之前，所以前者的记载更符合原状。

2　李焘：《续资治通鉴长编》卷四二，至道三年九月壬午，第885页。

3　《宋史》卷二五九《刘廷让传》，第9003页。

4　《宋史》卷二七九《呼延赞传》，第9489页。

偕曾在宋仁宗朝献"神楯劈阵刀",在对夏战争中发挥了对付重装甲骑兵的作用,"自陕西用兵,惟兔毛川胜捷者,由劈阵刀也"。[1] 此劈阵刀应属效仿呼延赞之破阵刀。呼延赞每行军,都身骑乌骓马,额头涂成绛红色,再加上那些令人望而生畏的兵器,不免使人感到惊恐不已。

值得一提的是,呼延赞以勇猛出名,甚至被认为粗悍。以至于宋代文人还常以他为讥讽对象,如宋人诗话云,有"轻薄子"写诗讽刺某人:"文章却似呼延赞,风貌还同富相公。"这里即以武将呼延赞与文臣富弼为粗野和儒雅的反衬对象。[2] 但据宋人记载,在宋军灭亡北汉之际,宋太宗图谋乘机北伐幽燕,遂征求官员意见,"左右因言:'自此取幽州,犹热鏊翻饼耳。'赞独曰:'此饼难翻,言者不足信也。'太宗不从,卒无功而还。君子谓:'赞最粗暴,尚能识此,武臣中不可谓无其人也!'"[3] 由此可见,呼延赞并非没有见识,尤其是在军事认识上要高出皇帝身边大臣不少,而又难得的是其直言敢谏的性格。另外,呼延赞虽然对其子训练严酷得不近人情,但在关爱上又似超乎常人。某次,其子生病,他依据传统说法,不惜

1　范镇:《东斋记事》卷二,汝沛点校,中华书局,1980,第20页。

2　阮阅编著《诗话总龟》卷四〇《诙谐门》,周本淳校点,人民文学出版社,1987,第386页。

3　李焘:《续资治通鉴长编》卷四六,咸平三年二月甲子,第993页。有关这一记载,原出自王得臣《麈史》卷上《忠谠》,黄纯艳整理,《全宋笔记》第1编第10册,第20页,但多处有误。《续资治通鉴长编》作者李焘予以辩证,故以《续资治通鉴长编》记载为准。

自己割股"为羹疗之"。[1]

观呼延赞其人其志，实在是为战争而降生，如此骁勇强悍的战将，唯有投身于边防沙场之上，方能尽显英雄本色，对宋廷而言也方能人尽其才。然而，在宋初内政外交演进变化的过程中，呼延赞逐渐陷入了角色错位的尴尬境地。

三　宋初政治的演进与呼延赞的困顿

唐朝后期、五代经历了百余年的藩镇割据、武人跋扈，此时不仅社会经济遭到破坏，而且国家秩序混乱，文官集团受到压制，皇权也走向式微。事实上，五代十国的大小帝王也大都为藩镇出身的武君。这种动荡的时代背景，必然对宋初政治产生莫大的影响。

因此，宋初统治者在统一天下之时，就开始思考如何恢复统治秩序和长治久安的重大问题。君臣一致认为臣强君弱，武力因素超强干预政治是以往长期动乱的核心症结所在。[2]如宋人总结："大抵五代之所以取天下者，皆以兵。兵权所在，则随以兴；兵权所去，则随以亡。"[3]于是，宋廷采取一系列收兵权、削藩镇举措，消弭武臣"天子，兵

1　《宋史》卷二七九《呼延赞传》，第 9489 页。
2　李焘：《续资治通鉴长编》卷二，建隆二年七月戊辰，第 49 页。
3　范浚：《范香溪先生文集》卷四《五代论》，《宋集珍本丛刊》第 42 册，第 394 页。

强马壮者当为之"的观念，以结束动乱，维护中央集权和专制皇权的统治，这正是物极必反的事物发展的逻辑结果。

宋太祖君臣着手解决长期存在的文、武关系严重失衡的问题，强调文臣与武将的角色与分工，并采取各种措施逐步提高文官及士大夫的社会地位，在体制上牵制武将势力，以便从根本上杜绝武力因素对国家秩序的危害。宋初以降，统治集团更在意识形态上予以配合，竭力恢复并强化儒家的纲常伦理观念，以维持社会稳定。在此基础上矫正以往风气，在社会意识中消弭重武轻文的观念，以更大限度地稳定新生的政权秩序。可以说，"崇文抑武"的治国思想、方略就此初步萌发。

宋太宗登基后，继续了太祖的施政路线，尤其是随着二次北伐的失败，宋统治集团将注意力转向内部，采取"守内虚外"之策。[1] 从此彻底放弃武力收复燕云的目标，也停止了开疆拓土的活动，其军事思想转为保守，积极防御的战略被消极防御的战略所取代。于是追求专制皇权统治稳定和"文治"功业成为施政的重心，边防则退为次要问题，军功自然也受到冷遇。至此，"崇文抑武"的治国方略遂得到确立。[2] 宋真宗即位后，则完全继承了以往的

1　参见漆侠《宋太宗与守内虚外》，《宋史研究论丛》第3辑，河北大学出版社，1999，第1—17页。

2　参见陈峰《试论宋朝"崇文抑武"治国思想与方略的形成》，张希清等主编《10—13世纪中国文化的碰撞与融合》，上海人民出版社，2006，第350—370页。

治国方略和边防战略及军事部署。

从具体的驭将态度和手段上看，宋初三朝也存在逐渐演变的过程。宋太祖以兵变登基，故十分注意处理驾驭和使用武将的问题。他在位时，统一天下为当时王朝政治的要务，因此收兵权、削藩镇的目的，主要是清除军中的异己因素，以巩固统治秩序，而并非完全抑制武将的作为。所以，宋太祖对掌握京畿卫戍重任的禁军三衙将帅，采取了严密的防范和控制手段；对以往的旧藩镇采取打击的态度；但对出征、防边的统军将领采取重用和优待的态度。如宋人评说："有功则必赏，有败则必诛，此所谓驭将之道也。"[1]

通过"斧声烛影"手段弑兄称帝的宋太宗，[2]自登基伊始就对太祖旧将心存疑虑。在第一次北伐幽燕期间，曾发生了部分将领谋立太祖之子的事件，从而加剧了宋太宗对武将的猜忌。当第二次北伐失败后不久，重臣赵普从维护皇帝个人利益出发，特别提出"兵久则生变"的劝诫，深得宋太宗的认同。[3]因此，宋太宗对武将处处设防、钳制，实施了"将从中御"之法。清人王船山针对性地指出：

1　李焘：《续资治通鉴长编》卷一三八，庆历二年十月戊辰，第 3317 页。

2　参见邓广铭《宋太祖太宗皇位授受问题辨析》，《邓广铭治史丛稿》，第 475—503 页。

3　赵普的议论，见于《宋史》卷二五六《赵普传》，第 8934—8936 页；李焘《续资治通鉴长编》卷二七，雍熙三年五月丙子，第 614—617 页。第一次北伐期间，曾发生了部分将领试图拥戴宋太祖之子称帝的事件，宋太宗对此一直耿耿于怀。此事见于司马光《涑水记闻》卷二，第 36 页。

"宋所忌者，宣力之武臣耳，非偷生邀宠之文士也。"[1] 而宋真宗延续了其父的驭将成规，甚至包括沿用以"阵图"制约前线将领的陋习。[2]

　　在宋初上述背景之下，军事将领遂面临日益不利的处境，呼延赞的个人志向与发展便不能不深受影响。正因为如此，呼延赞的战场活动主要集中在宋太祖和宋太宗朝初期。当此之时，武将大多能发挥作用，适得其用。因而，呼延赞先后在征服后蜀、北汉之役中获得用武之地，表现突出。到宋太宗第一次北伐结束后，在"将从中御"的各种约束之下，将帅常常陷于无所作为的境地，所谓：每每用兵，皇帝都"图阵形，规庙胜，尽授纪律，遥制便宜"，主帅只能遵行，又受到监军的监督。[3] 而宋太宗对武将的要求，也以循谨为最高标准，所谓："朕选擢将校，先取其循谨能御下者，武勇次之。"[4] 于是，庸将往往得宠，以武勇见长的呼延赞也就难有施展抱负的机会。据记载，在第一次北伐幽州期间，宋太宗目睹了呼延赞自制的装束后，非常厌恶，认为"诡异惑众"，曾打算将他斩首。显

1　王夫之：《宋论》卷二《太宗》，第 37 页。

2　景德元年，宋真宗北赴澶州时，"给随驾诸军介胄，内出阵图二，一行一止，付殿前都指挥使高琼等"。见徐松辑《宋会要辑稿》兵七，第 8740 页；并参见陈峰《北宋武将群体与相关问题研究》（增订本）第七章"北宋驭将之策的演变及其影响"，人民出版社，2021，第 268—311 页。

3　杨亿：《武夷新集》卷一〇《李继隆墓志铭》，《宋集珍本丛刊》第 2 册，第288—289 页。

4　李焘：《续资治通鉴长编》卷二五，雍熙元年二月壬午，第 573 页。

然，宋太宗对浑身散发着强悍气息的这位武将并不欣赏，以后呼延赞不得不以解嘲的方式为自己辩解，也未得到宋太宗的认同。[1]

宋太宗采取全面消极防御的战略及部署后，呼延赞虽然凭借年资在官阶上逐渐得到迁转，但所用已非其所长。如呼延赞出任保州刺史兼冀州副都部署时，由于没有积极用兵活动（将领的主要职责是日常管理兵营事务，而呼延赞对此并不擅长），遂被改调为辽州刺史。而新的职位属于管理民事的地方行政官，呼延赞就更加不能胜任。其后，他只能返回京师任御前忠佐军头司马步军都军头的闲散军职。直到宋真宗亲征期间，呼延赞才参与了护驾行动。但最终还是死于一场繁重的皇家葬礼仪式之余。马革裹尸的梦想，只能伴随呼延赞于地下。

史书还有这样的记载，宋真宗在某次亲自选拔禁军军官时，许多武将都争吵着表白自己的功绩，只有呼延赞对天子说："臣月奉（俸）百千，所用不及半，忝幸多矣。自念无以报国，不敢更求迁擢，将恐福过灾生。"[2]这一记载当然反映出呼延赞谦恭退让的品德，但仔细品味之下，又似乎可以窥见到他一丝抱恨无奈的心迹。

1　李焘：《续资治通鉴长编》卷三三，淳化三年九月乙卯，第739页。
2　《宋史》卷二七九《呼延赞传》，第9489页。

余　论

　　呼延赞毕生的抱负、事业未竟，其身怀绝技的诸子也没有留下什么事迹，甚至在史籍中难觅其踪迹。但呼延赞的后代，应当一直受到其事迹的鼓舞、感召。呼延赞死后一百多年，在激烈的宋金战争中终于又涌现出其后人的身影。

　　南宋初，呼延赞的后裔呼延通为抗金名将韩世忠部下统制官，曾多次率军打败金军。[1] 特别值得一提的是，他在绍兴六年（1136）一次战斗中的表现，极具古代戏剧化斗将色彩。当年初，韩世忠率军在宿迁县（今江苏宿迁市）与金军相遇，当时主帅韩世忠随呼延通一军先行，其余诸军在后听令。于是，呼延通率先一马出阵，金军猛将牙合孛堇极为骄横，令呼延通解甲投降。呼延通则驰至阵前大呼道："我乃呼延通也。我祖在祖宗时杀契丹立大功，誓不与契丹俱生。况尔女真小丑，侵犯王略，我肯与尔俱生乎！"言罢，呼延通挥枪刺向牙合孛堇，双方交战多时，以至于彼此都失落兵器，两人又在马上互相"以手相格"。当双方都滚落马下之后，牙合孛堇取篦刀刺呼延通腋下至出血，呼延通则将对方咽喉用手卡住，致对手几

1　徐梦莘：《三朝北盟会编》卷一六八，绍兴五年十月十一日庚戌；卷一七九，绍兴七年九月二十一日庚辰，上海古籍出版社，2019，第 1218、1297 页。

乎"气绝"，终于将牙合孛堇生擒而回。宋军大胜，金军遂败退而去。[1] 观此次战斗过程，不难发现呼延通极其骁勇敢战，颇有其祖之风。呼延通官至洪州观察使，其亡父呼延昌因其官阶而获得武义郎的赠官。[2] 遗憾的是，数年以后，呼延通投运河自杀而死，据说是与不能忍受韩世忠所为有关。[3]

综上所述，武将呼延赞及其子弟以骁勇敢战见长，并怀有强烈的军功报国志向。但在宋初"崇文抑武"国策逐渐形成，特别是宋太宗朝以后边防战略及其部署发生转变的形势下，统治者不再追求对外开疆拓土的目标，武将群体更受到猜忌和压制，陷于难有作为的境地。[4] 如前引王船山所评述："宋所忌者，宣力之武臣耳。"[5] 因此，呼延赞及其家族尚武之路的发展遂遭遇到障碍，可谓生不逢时。其实，这一个案也是宋朝"崇文抑武"国策影响下武将命运的一个缩影。呼延赞实在是适合秦汉隋唐推崇军功的岁月，唯其如此方能获得用武之地。而他在宋朝日益强调秩序稳定、内部建设和崇尚文治的环境中，逐渐受到冷遇，空有抱负，正是时代转变使然。

1　徐梦莘：《三朝北盟会编》卷一六九，绍兴六年二月十六日甲寅，第1222页。

2　张嵲：《紫微集》卷二〇《洪州观察使呼延通故父昌可特赠武义郎制》，《景印文渊阁四库全书》第1131册，第513页。

3　徐梦莘：《三朝北盟会编》卷二〇四，绍兴十年十二月，第1472—1473页。

4　参见陈峰《北宋武将群体与相关问题研究》（增订本）。

5　王夫之：《宋论》卷二《太宗》，第37页。

从张亢事迹看宋朝儒将的角色
与归宿

　　儒将是中国古代词汇中出现频率极高的称呼，通常指兼具诗书之长和用兵之才的将帅，[1] 就其内涵而言更指肩负儒家治国理念和道德的文士统军者，故也是儒家治国理念下对将帅的一种高度评价的标准，其影响绵延至今。长期以来，儒将一直受到主流社会的青睐和民众的仰慕。远如东汉末年的周瑜，近如晚清的曾国

1　美籍学者刘子健在《从儒将的概念说到历史上对张浚的评论》一文中，对儒将的定义做出了较为宽泛的四类划分。何冠环在《败军之将刘平》一文中又对儒将的范围进行了适当的限定，即：由文转武之将领和士大夫领兵作战者，应更为恰当。详见何冠环《北宋武将研究》，香港中华书局，2003，第292—293页。

藩之类人物。而在宋朝长期"崇文抑武"风尚浸润下的时代，儒将似乎更被当政者寄予厚望。但儒将在宋代究竟扮演怎样的角色？发挥了哪些作用？其归宿何在？是当时未能恰当解决，并至今仍值得探讨的问题。北宋中叶的张亢，便是当时儒将的一个典型，其作为颇得当时范仲淹等人及后世的好评，其坎坷经历与结局则令人同情、叹惋。因此，通过对以张亢事迹为中心的考察，可以在一定程度上解答上述问题。遗憾的是，至今尚未有专文论及张亢，即使稍显专业性的《中国历史大词典》"宋史卷"，也未将其收录。

一　张亢的出身与弃文从武

张亢，出生于京东的临濮（今山东菏泽西北），因记载阙如，其家世不详，唯据《宋史·张奎传》获知其父名张余庆。[1]根据嘉祐六年（1061）张亢卒年六十三岁[2]推算，其出生时间应在宋真宗咸平元年（998）。值得玩味的是，大约其兄张奎在洛阳任地方官期间，因当地人奉承他相貌与后唐时期的河南尹张全义相近，于是张氏兄弟便冒称张全义七世孙。[3]由此可见，张亢的出身很可能并不显赫。

1　《宋史》卷三二四《张奎传》，第 10491 页。
2　王称撰，吴洪泽笺证《东都事略笺证》卷六一《张亢传》，第 665 页。
3　《宋史》卷三二四《张亢传》《张奎传》，第 10482、10491 页。

　　根据《宋史》本传记载，张奎先中进士做官。张亢则在宋真宗天禧二年（1018），进士及第。[1]宋人笔记称，张亢身材肥大，[2]与其兄性格迥异，"奎清素畏慎，亢奢纵跅弛"，大约属性情粗狂、豪放类人物，与当时大多数儒雅文人有别，"世言：张奎作事，笑杀张亢；张亢作事，唬杀张奎"。[3]"奎治身有法度，风力精强，所至有治迹，吏不敢欺，第伤苛细。亢豪放喜功名，不事小谨。兄弟所为不同如此，然皆知名一时。"[4]这些评述显然大都属后话了。

　　张亢最初像同时代的普通文臣一样，入仕后先任地方僚佐，先后出任广安军（治今四川广安）判官、应天府（治今河南商丘）推官。值得一提的是，他在应天府推官任内治理白沙、石梁二渠，消除了殃民的水患。直到南宋人编书时，仍记述张亢的这一惠民政绩，"张亢为应天府推官，治白沙、石梁二渠，民无水患"。[5]大约在天圣（1023—1032）后期，他调任通判镇戎军（治今宁夏固原）。镇戎军是对夏前线重镇，防务职责甚重。适逢西夏首领赵德明死，虽当时宋夏表面关系尚属平稳，但张亢显然掌握到对方动向的情报，于是他上言皇帝，提出预警建议："其子元昊喜诛杀，势必难制，宜亟防边。"随之，

1　曾巩撰，王瑞来校证《隆平集校证》卷一九《张亢传》，中华书局，2012，第579页。

2　王辟之：《渑水燕谈录》卷一〇《谈谑》，第123页。

3　魏泰：《东轩笔录》卷一一，第127页。

4　《宋史》卷三二四《张奎传》，第10492页。

5　王应麟：《玉海》卷二二《地利·河渠》，广陵书社，2016，第485页。

张亢向朝廷上西北攻守之计，凡数十章之多（一说十章）。宋仁宗有意用张亢及其策略，却因其遭逢母丧停职而未果。此事说明张亢关注边防，并富有军事谋略和志向。时隔不久，辽朝在幽州一带聚兵，宋廷获悉后不得不注意河北防务。张亢因此前的表现，遂立即被起为武官如京使（由原屯田员外郎转换），调知对辽前线的安肃军（治今河北保定市徐水区），时间在景祐元年（1034）十二月间。他上任前向皇帝分析局势：契丹坐享丰厚岁币，此举不过"特张言耳，非其实也"。并表示，辽方一旦有违背和约的举动，"臣请擐甲为诸军先"。[1]

通过上述经历，可清楚看出张亢初出道为地方僚属文官时，已非平庸之辈，有值得称道之处。尔后有机会接触西北边防时，性豪放、有胆识、喜功名的特性，自然便促使其积极报效国家，未雨绸缪发出预警，并不厌其烦地陈情"攻守之计"，遂因此得到朝廷的关注。由此也毅然走上弃文从武之路，起码从文献上没有看到他拒绝或者推卸的任何记录。

在此需对宋开国以降政坛对待文武官职的态度略加介绍。自宋初收兵权大致完成后，"崇文抑武"的苗头在朝廷已初露端倪，一些敏感的官员也嗅出个中深意。开宝五年（972）冬，宋太祖因西川镇守需要，令颇有武干之

1　《宋史》卷三二四《张亢传》，第 10483 页；李焘：《续资治通鉴长编》卷一一五，景祐元年十二月丁卯，第 2707、2708 页。

才的文官辛仲甫改换武职，以出任兵马都监。辛氏便试图
委婉拒绝，最终同意仍是被迫而已。此后，随着"崇文抑
武"治国方略的推行和深化，政坛形成明显的文尊武卑格
局，于是很少有文臣愿转换武职者。典型例证如：宋真宗
朝有"小由基"佳号的陈尧咨，先推托过皇帝要求其换武
的安排，却在之后的宋仁宗朝初因遭权贵报复，只得无奈
从武。而极个别主动换武的文官，后果都似乎不妙，如宋
太宗朝的柳开，宋仁宗天圣时的李维之类。[1]正因为如此，
武臣因长期受猜忌而遭到打压、歧视，精神状态和素质水
平普遍下降；士人抛弃了"投笔从戎"的出路，少有愿意
投身武职者，这都导致宋朝缺乏将帅人才的问题严重存
在。宋太宗、真宗两朝边防常常吃紧，宋军屡屡败北，即
是明证。因此，张亢慨然投身军旅，实属不易。

二　张亢的将帅作为

　　宋代官制下，身挂武职头衔，而实际终身不预军务者
不在少数，或执掌库莞，或效力案牍，或厕身宫闱。但张
亢不仅像前辈柳开、陈尧咨那样赴河北前线就任地方官，
更长期在西北对夏战场出任带兵军职，或镇守一方，或指

1　有关这方面稍细的内容，可参见本书"从'文不换武'现象看北宋社会的崇文
　　抑武风气"一章。

挥作战。可以说，他是真正经历了战火血光的戎马将军。

景祐五年（1038）十月中，元昊称帝，宋夏关系破裂。大致应当在此后不久，张亢被立即从河北调往西北，"元昊反，为泾原路兵马钤辖、知渭州"。[1] 泾原路为对夏前线军事区域，正北方面对西夏的中心地带，其治所渭州（治今甘肃平凉）乃战略重镇。当时谏官余靖曾在上奏中指出："臣伏思陕西四路，惟泾原山川宽平，易为冲突。若戎马之势不遏，则为关中之忧。关中震惊，则天下之忧也。故国家自有西事以来，长以泾原为统帅之府。"[2] 当战争尚未爆发之际，宋廷当政者的这一任命，显然是因赏识张亢的才略和胆识，故赋予其带兵一方和抗御夏军的职责。

以后，张亢又先后历任知邠州兼鄜延路兵马钤辖、都钤辖、并代都钤辖兼管勾麟府军马事、高阳关钤辖兼知瀛州、权高阳关路副都部署、泾原路经略安抚招讨使兼知渭州、并代副都部署、并代路钤辖、知代州兼河东沿边安抚使、泾原路部署兼知渭州等官职，时间大约在康定元年（1040）四月至庆历七年（1047）九月期间。[3] 其任职的地方皆为陕西、河东及河北前线边防要区重地，其官职则包含一路带兵官（兵马都钤辖、副都部署）到方面将帅（经

1　《宋史》卷三二四《张亢传》，第 10483 页。

2　李焘：《续资治通鉴长编》卷一五〇，庆历四年六月癸卯，第 3628 页。

3　李焘：《续资治通鉴长编》卷一二七，康定元年四月庚寅，第 3005 页；卷一六一，庆历七年九月甲戌，第 3886 页。

略安抚招讨使）。与此同时，张亢累迁右骐骥使、遥领忠州刺史、西上阁门使、四方馆使、遥领果州团练使、引进使、遥领眉州防御使等武阶官衔。引进使为横行第三阶，从五品；遥领防御使乃遥郡官第三级，为中上级武官加衔。

张亢作为军事将领的突出事迹，主要表现在对夏战争中。张亢显然属于谋勇兼备型的指挥者，如前所述早在元昊反宋之前，便预见性地发出提早准备应对和加强防务的呼吁。在对夏开战后，张亢又多次针对宋军战场失利的原因，提出改革弊端的建议：其一，指挥权分散，如每路统兵官多人，"权均势敌，不相统制"；其二，兵力过度分散，常常以寡敌众；其三，主将与军队经常互相调换，上下不熟悉；其四，通信不畅，各处将士难以及时了解战场情况的变化；其五，训练不精；其六，将校往往贸然出击、盲目作战；等等。因此，他提出了统一指挥权，集中优势兵力及其他相应的解决措施，其建议的部分内容在以后得到了采纳。[1] 从传世的宋代文献中，可以阅读到张亢的许多论兵奏议，其见解可谓有识、务实，多切中要害，确非一般武夫悍将或未经战火的文臣统帅所能虑及。但其良策因关乎宋太宗以降御将治军的传统原则是否延续的至大问题，[2] 故主体意见被束之高阁。

1　李焘:《续资治通鉴长编》卷一二八，康定元年七月癸亥，第3025—3028页。

2　有关宋太宗以来御将治军的传统，参见陈峰《北宋武将群体与相关问题研究》（增订本）第六、七章，第216—311页。

　　张亢并非只是善于谈兵的书生，还是勇于和善于用兵的良将，在战场上取得了相当突出的战绩。如庆历元年（1041），西夏攻陷宋边陲丰州（今陕西府谷西北至内蒙古准格尔旗之间），致使宋朝的麟州（治今陕西神木北）与府州（治今陕西府谷）之间联系中断，彼此只能困守孤城，形势异常艰难，"民乏水饮，黄金一两易水一杯"。宋廷执政者遂讨论放弃两地，以免过于拖累，"朝廷议弃河外，守保德军，以河为界"，但一时未能决断。[1] 就是在如此危险的局面下，张亢受命出任并代钤辖、专管勾麟府军马公事，他单骑进入府州城，承担起解决麟、府地区防务困境的任务。张亢一改前任武将康德舆龟缩被动的做法，通过各种主动的举措，如获取水源、加强练兵并调动斗志、用兵收复要塞琉璃堡等，不仅解除了府州受到的威胁，而且率军先后与党项军交锋，特别是取得两次以寡击众的成功。即：其一，张亢率三千人运送物资途经柏子寨，遭遇数万西夏军队的围攻，他以兵书中"置之死地而后生"之理激励将士，然后机智地乘风势冲锋，打败对手；其二，在兔毛川之战中，张亢设计诱敌入围，伏击优势敌军，"贼大溃，斩首二千余级"。在这两次战役结束后，他不失时机地在要地赶修五处堡寨，终于打通了麟、府二州的通道。[2] 通过这些军事行动，压制了夏军的攻势，

1　李焘：《续资治通鉴长编》卷一三三，庆历元年九月庚戌，第3172页。

2　李焘：《续资治通鉴长编》卷一三三，庆历元年九月庚戌，第3172页；卷一三六，庆历二年五月甲辰，第3247页。

提升了宋军的士气，极大地改善了麟、府地区的防御状况。元人修《宋史》时称道："张亢起儒生，晓韬略，琉璃堡、兔毛川之捷，良快人意。区区书生，功名如此，何其壮哉！"[1]而在有关西夏的文献记载中，也承认："会张亢管勾麟府军马事，破之于柏子，又破之于兔毛川，亢筑十余栅，河外始固。"[2]

在西北广袤的开阔地带，以步兵为主体的宋军很难对付机动灵活的党项骑兵。张亢通过实战经验意识到堡寨体系阻遏骑兵、支撑步兵的作用，因此十分重视修筑堡寨，这在其经营麟、府地区防务的过程中得到了充分的发挥。在河东期间，张亢甚至顶着巨大的压力继续实施堡寨计划。庆历四年（1044），张亢先后出任并代副都部署、知代州兼河东沿边安抚使，他积极主张在麟、府沿边增修堡寨，以强化自身防御能力。范仲淹出使河东后，对张亢的堡寨计划予以肯定，遂奏请宋仁宗下诏，令张亢全面负责完成这一计划。但知并州兼河东经略安抚缘边招讨使明镐坚决反对，明镐以河东地区最高指挥官的身份"屡牒止亢"。张亢表示："受诏置堡寨，岂可得经略牒而止耶！坐违节度所甘心。堡寨必为也。"于是，将上司阻止的每道牒文封存不阅，采取特殊手段修筑，"督役愈急"。[3]及至

1　《宋史》卷三二四"论曰"，第 10498 页。

2　《宋史》卷四八五《外国传一·夏国上》，第 13997 页。

3　李焘：《续资治通鉴长编》卷一五二，庆历四年十月壬子，第 3710 页；《宋史》卷三二四《张亢传》，第 10489 页。

全部竣工，他才将那些公文启封，同时上奏请罪。史称：增修堡寨后，"蕃、汉归者数千户，岁减戍兵万人，河外遂安"。以后，韩琦经略河东，了解到这些堡寨的地址，多昔日名将杨业曾选定者，"益知亢有远略云"。[1]张亢在镇守河北瀛州时，也曾不顾上司夏竦的阻挠，对城池进行扩修，加强了防护功能。所谓"河北安抚使夏竦前在陕西，恶亢不附己，特沮止其役，然卒城之"。[2]此事足见其敢做敢为之特点。

张亢作为称职的军事将领，还有其他值得称道之处，像"驭军严明，所至有风迹"，[3]又重视间谍情报的作用，常因此不惜花费重金，以及时掌握对手动向。如在庆历二年五月至十一月镇守瀛州兼管高阳关路部署司期间，他最突出的活动便是通过重金招募间谍的办法，及时刺探辽军的活动，"自是敌中动静必告""时边城多警，每一挂搭，费甚厚，惟高阳独否"。[4]苏辙笔下还保留了张亢善用间谍的生动故事。[5]

正因为张亢的显著表现，一时颇得一些主政者的倚重，甚至多次被调任应对突发事件或紧张局面。如前述调任并代钤辖，即是解决麟、府二州困境。到庆历二年五月

1　李焘：《续资治通鉴长编》卷一五二，庆历四年十月壬子，第3710页。

2　李焘：《续资治通鉴长编》卷一六〇，庆历七年二月壬戌，第3863页。

3　《宋史》卷三二四《张亢传》，第10490页。

4　李焘：《续资治通鉴长编》卷一三六，庆历二年五月丙寅，第3268、3269页。

5　苏辙：《龙川别志》卷下，俞宗宪点校，中华书局，1982，第96页。

形势缓和后，张亢正筹划、倡议扩修堡寨，以巩固并扩大麟、府防区，适逢辽朝对宋要挟，"会契丹欲渝盟"，张亢又被立即调往河北前线，镇守瀛州（治今河北河间）。[1] 同年十一月，当宋军大将葛怀敏惨败定川之后，在"诸郡震恐"的情况下，宋仁宗"以泾原伤夷"，想用范仲淹镇守渭州和泾原路。范仲淹一面自谦不敢，"泾原地重，臣恐不足以独当"，另一面则推荐张亢。于是，张亢临危受命，出任泾原都部署、经略安抚招讨使兼知渭州。[2] 此职实为陕西对夏四路战区之一的统帅，也是张亢毕生担任过的最高官职，故为其从武生涯的顶峰。

三 张亢的坎坷遭遇与结局

张亢堪称北宋中叶的一位良将，其见识和胆魄为当时一般文臣出身的将帅所不及，其战场表现又超过许多武官同辈，其事迹可谓足以传世。但张亢屡遭到弹劾、压制，甚至一度身陷囹圄，晚年还颇受非议，仕途坎坷，至死未能显达。

张亢遭受的第一次重要打击是与公使钱有关。如上所述，庆历二年（1042）十一月，张亢就任泾原都部署、经

1　《宋史》卷三二四《张亢传》，第 10489 页。

2　李焘：《续资治通鉴长编》卷一三八，庆历二年十一月辛巳，第 3322 页。

略安抚招讨使兼知渭州，当时正是本路宋军惨败后不久，人心惶惶。张亢显然是为了增加经费收入，于是命牙吏用公使钱回易盈利，以犒赏部下，激励斗志，如《宋史》本传所说："亢好施轻财，凡燕犒馈遗，类皆过厚，至遣人贸易助其费，犹不足。以此人乐为之用。"[1]这原本属于边将传统做法，以往宋太祖还特别给予郭进等边将这方面的特权。不过，由于张亢与上司郑戬意见不合，因此遭到郑戬的报复，"亢与戬议不合故也，戬寻发亢在渭州过用公使钱"。监察御史梁坚乘机弹劾张亢，"出库银给牙吏往成都市易，以利自入"，这就进一步将沿用习惯的做法夸大成贪污罪责。因此，次年张亢与另一位类似的官员滕宗谅一度被收于邠州（治今陕西彬州）监狱。范仲淹因深知张亢为人和前线情形，便主动为其担保，指出"臣伏睹编敕指挥，若将公使钱回易到别物公用，但不入己，更不坐罪"。甚至以自己与韩琦在前线同样使用公用钱，接济过特殊部属，要求将自己、韩琦与张亢一并严惩。[2]在参知政事范仲淹的一再辩护下，张亢虽免牢狱之祸，却仍不免贬官的处分，职务先从泾原都部署、经略安抚招讨使兼知渭州降为并代州副都部署。数月后，再贬为本路钤辖，官衔则由引进使降为四方馆使，[3]最后处分的时间大约在庆历

1　《宋史》卷三二四《张亢传》，第 10490 页。

2　李焘：《续资治通鉴长编》卷一四三，庆历三年九月戊子，第 3456—3459 页；卷一四六，庆历四年正月辛未，第 3527—3530 页。

3　《宋史》卷三二四《张亢传》，第 10489 页；李焘：《续资治通鉴长编》卷一五一，庆历四年七月己卯，第 3668 页。

四年（1044）正月。公使钱事件对张亢造成很大的压制和影响，他从此仕途坎坷，一路跌宕于将官职务上下，也成为朝中有争议的人物。

张亢遭到的第二次打击与犒赏军人有关。庆历七年（1047）九月，知渭州张亢在犒赏部下时，对原来苛刻的办法加以调整，以有意优待军士，"时三司给郊赏，州库物良而估贱，三司所给物下而估高，亢命均其直以便军人"。转运使上奏控告其擅自改变比价。因为张亢以前曾批评过陕西主帅夏竦的无能，时任枢密使的夏竦便"挟故怨，因黜亢"，将张亢从引进使、眉州防御使、知渭州贬为领果州团练使、知磁州（治今河北磁县）。仅仅时隔一个月，御史宋禋又老话重提，继续弹劾张亢公使钱旧案，他又遭到贬责，降为右领军卫大将军，出知寿州（治今安徽寿县北）。[1]经过这样的贬黜，张亢实际上被赶出军门，失去了带兵之权，远离为之奋斗的前线，而成为内地普通地方官。

庆历八年七月，陕西转运使上报朝廷称：经过调查发现以往张亢公使钱旧案属于冤案，并无谋私取利之实，他这才得到平反。有意思的是，宋廷下诏将其右领军卫大将军、果州团练使的身份转为文资性的将作监，调任邻州。这次恢复文职官衔，在宋人眼里显然属于照顾性，所谓"稍复迁之"。[2]

1 　李焘：《续资治通鉴长编》卷一六一，庆历七年九月甲戌，第3886页。

2 　李焘：《续资治通鉴长编》卷一六四，庆历八年七月己亥，第3957页。

　　此后的十三年，张亢又几度变换文武身份，但依旧徘徊于地方衙门。他先因荐举失当，调任别州地方官。此事原委大致是：张亢一位旧识多年无法出头，他出于同情遂举荐其为知县。结果这位旧同学做官出事，张亢便受到牵连。然而，生性仗义的张亢并未介意，史称："同学生为吏部，亢怜其老，荐为县令。后既为所累，出筠州，还，所荐者复求济，亢又赠金帛，终不以屑意。"后经多年困顿，张亢才逐渐恢复引进使、果州团练使、眉州防御使的原有武职官衔，改任真定府路副都部署。再迁客省使，以足疾调知卫州（治今河南卫辉）、怀州（治今河南沁阳）。

　　怀州邻近黄河，河患频繁。以早年在应天府任内成功治河的经历来看，张亢当继续关注此事，却又因与邻郡官员商议治河事务，"会境上经夕而还"之事，遭到处分，降为州郡钤辖小官。[1] 显然，他已成为有"污点"的人，随便什么借口都可以成为被贬的理由。嘉祐五年（1060）三月，张亢获迁河阳部署，他以身体多病请辞。御史中丞韩绛认为其以往在怀、卫二州有"贪横不法"行为，也反对加以任用。而张亢"亦自请复文资"，遂改为秘书监。仅仅月余，再复客省使、眉州防御使原官，出任徐州（治今江苏徐州）部署。[2] 次年大约九月间，张亢卒于徐州部署位上，年六十三。

1　《宋史》卷三二四《张亢传》，第 10490 页。

2　李焘：《续资治通鉴长编》卷一九一，嘉祐五年三月丙申，第 4615 页；《宋史》卷三二四《张亢传》，第 10490 页。

　　从张亢坎坷的经历来看，其多次被贬的理由大多牵强附会，关键的两次贬黜实际上又属于报复所致，这便不能不说是一种悲剧，自然也引起一些人的同情。张亢死后，权御史中丞王畴向皇帝反映张亢昔日功绩，请求加以褒奖，"愿陛下特加褒赠，或录其子孙，以劝官吏之尽心，而使知朝廷察臣下之勤劳，死而不忘其功，亦用人之术也"。宋廷乃追赠其观察使之武职加衔，以示抚慰。[1] 张亢有子五人，名：杰、黯、焘、烈、侻，但皆不显。[2]

四　宋朝儒将的角色与归宿

　　从宽泛的意义上讲，宋朝存在过不少的儒将，然而如张亢这样科举出身的正途文官转换身份，真正投身军伍，并亲身带领军队出没战场者，并不多见。前后可比肩者不过有上官正、景泰、刘平、郭谘等数人，其中又以张亢事迹最为突出，堪称儒将代表。如朝臣叶清臣曾对宋仁宗评论道："张亢倜傥有胆勇。"[3] 上官正以参加镇压李顺、王均造反有功，却无丝毫边防战争经历；[4] 景泰在对夏军事活

1　李焘：《续资治通鉴长编》卷一九五，嘉祐六年十月辛巳，第 4725 页。

2　曾巩撰，王瑞来校证《隆平集校证》卷一九《张亢传》，第 579 页。

3　李焘：《续资治通鉴长编》卷一六六，皇祐元年二月辛巳，第 3990 页。

4　《宋史》卷三〇八《上官正传》，第 10137—10139 页。

动中略有战功；[1]刘平虽居禁军高级将领之位，并被寄予厚望，但没有留下值得称道的业绩，倒是以败死出名；[2]郭谘颇有见地，不过地位有限，难以发挥较大作用；[3]其余若李渭之流，"皆碌碌者矣"。[4]可是，从前述张亢从军及仕宦活动经历，不难发现一个颇为尴尬的现象，即存在宋朝对文臣从军角色的期待，与漠视其前途和归宿之间的矛盾，纵然有突出的表现，具有良将之才，也概莫能外。

自宋初厉行收兵权，宋太宗朝进一步钳制武将以后，猜忌、防范武夫兵变，已渐成宋廷执政集团的共识。因此，从宋太宗朝后期尝试用文官参与军事决策，到宋真宗朝以后逐步实施"以文驭武"措施，即用文臣管辖和指挥武将，以配合"崇文抑武"治国方略的全面推行。这就对文官士大夫群体赋予更大的政治责任，事实上也形成了对文臣直接投身军职的某种期许，肩负儒家治国理念和道德标准的文士承担统军的角色，应当更符合宋朝国家的长远利益。如清人王船山不无偏激的看法："宋所忌者，宣力之武臣耳，非偷生邀宠之文士也。"[5]特别是宋仁宗朝与西夏大规模战争爆发后，由于武臣的精神和素质状态普遍欠佳，将帅人才严重缺乏，这种要求就更显得紧迫。于

1　《宋史》卷三二六《景泰传》，第 10517—10518 页。

2　《宋史》卷三二五《刘平传》，第 10499—10504 页。

3　《宋史》卷三二六《郭谘传》，第 10530—10532 页。

4　《宋史》卷三二六"论曰"，第 10539 页。

5　王夫之：《宋论》卷二《太宗》，第 37 页。

是，宋廷鼓励文臣转换武官，如庆历七年（1047），"诏判大名府贾昌朝、判邠州程琳、知秦州梁适、知永兴军叶清臣、知渭州田况，各举京朝官一人换右职"。[1] 嘉祐二年（1057），又"诏枢密院，近臣尝举文臣换右职者，自今遇边要阙人，即差择以闻"。[2] 但欧阳修曾针对其弊指出："臣伏思自用兵以来，朝廷求将之法，不过命近臣举朝士换武官，及选试班行、方略等人而已。近臣所举，不过俗吏才干之士；班行所选，乃是弓马一夫之勇；至于方略之人，尤为乖滥，试中者仅堪借职县尉、参军赍挽而已。"[3] 可见收效不显，并且因为长期文尊武卑氛围的影响，主动响应者寥寥，包括范仲淹、庞籍及王沿等名臣，也在庆历二年联手拒绝了朝廷令其转换武职的安排。[4]

　　张亢满怀"功名自在马上取"的志向投军，却不免置身复杂、矛盾的环境之中。一方面，张亢从军久了其身份便与武夫无异，遭到文臣轻视。其率直的性情，往往成为讥讽的把柄，如宋人笔记记载，军卒出身的杨景宗因有外戚背景，做官观察使，但暴横无赖，绰号"杨骨槌"，某次对张亢兄张奎说道："公弟客省俊特可爱，只是性粗疏。"张奎怏然不悦，回家后不满地指责其弟："汝本

1　李焘：《续资治通鉴长编》卷一六一，庆历七年十月戊午，第3888—3889页。

2　李焘：《续资治通鉴长编》卷一八五，嘉祐二年五月丁酉，第4479页。

3　欧阳修：《上仁宗乞别议求将之法》，赵汝愚编《宋朝诸臣奏议》卷六四，第713页。

4　《宋史》卷三一四《范仲淹传》，第10271页；卷三一二《韩琦传》，第10223页；李焘：《续资治通鉴长编》卷一三六，庆历二年五月癸亥，第3266页。

士人，服膺名教，不知作何等事，致令杨骨槌恶汝粗疏
也。"[1]另一方面，作为前线将帅，张亢处处受到各种条规
的牵制、约束，甚至遭到一些文官大臣的报复打击。如
范仲淹替他辩护时指出："臣所以激切而言者，非滕宗谅、
张亢势力能使臣如此竭力也，盖为国家边上将帅中，未有
曾立大功，可以威众者。且遣儒臣，以经略、部署之名重
之，又借以生杀之权，使弹压诸军，御捍大寇，不使知其
乏人也。若一旦以小过动摇，则诸军皆知帅臣非朝廷腹
心之人，不足可畏，则是国家失此机事，自去爪牙之威
矣。"[2]通过范仲淹的言辞，既可以清楚地获悉宋朝任用儒
将统军的深刻用心，又则看到缺乏实施这一举措的有力保
障，以至于一些官员拘泥于常规条令，致使朝廷借重儒将
的深意流于形式。

　　值得注意的是，在宋英宗朝又发生了类似之事：文官
转换武职的权泾原副都总管刘几，在某次军事行动中请求
权知渭州陈述古派援兵，被无理拒绝，双方产生矛盾，陈
述古竟擅自将刘几调往凤翔（今属陕西），彼此争执不下，
相互"交讼"。刘几、陈述古皆因此遭到贬黜，有人遂告
发刘几过量使用公使钱。朝廷乃下诏审问刘几，令其赴
"永兴军听劾"。御史中丞贾黯显然极为清醒，他联想到昔
日张亢等人的不幸，于是采取了与范仲淹相同的举动，对

1　魏泰：《东轩笔录》卷一一，第 127 页。
2　李焘：《续资治通鉴长编》卷一四六，庆历四年正月辛未，第 3528 页。

这一处理做法提出反对意见："国家任用将帅，当责以御边捍寇之效，细故小过，皆宜略之，则可以得其死力。太祖时，天下未定，用李汉超等一十四人，分捍三边，皆十数年不易。举其州征榷之利皆以与之，仍听其贸易，免所过征税。军事无小大，皆许便宜。以故汉超等得成功名，而二十年间无西北之忧。庆历中，陕西用兵，颇失此术，边臣用公使钱微有过，则为法吏绳以深文，如尹洙、张亢、滕宗谅是也。今西夏叛扰，陛下方当以恩威御诸将，所宜思太祖之得人，而惩近事之失体。如亢者苟无大过，愿赦而不问。"宋英宗采纳贾黯的意见，赦免了刘几，但仍将其调离本地。[1] 由此可见，张亢的遭遇还在延续，固然先后有范仲淹、贾黯等人能体会任用儒将的意义，并理解前线儒将的处境，然而其呼声毕竟还是太弱，无法改变文官士大夫由歧视武臣到漠视儒将的现实。

宋廷终于陷入不能自拔的怪圈，既不能信任武夫悍将，放手其指挥用兵，而对于文臣出身的儒将，竟同样无法充分信赖，最终也不能给予其晋身坦途。张亢固然归宿可悲，其实前后又有谁人因此显达？这就不能引起后世的怀疑：宋朝是否真心重用儒将，又是否真正需要儒将？简单的回答自然是困难的。宋朝这种自相矛盾的做法，看似与当政者的初衷背离，其实关键依然与保守政治下，内

1　李焘：《续资治通鉴长编》卷二〇五，治平二年五月辛未，第 4966 页；《宋史》卷二六二《刘温叟传附刘几》，第 9076 页。

敛型执政集团对兵权的过分控制有关，同时也与官僚队伍主流意识中的抱残守缺与墨守成规因素有关。南宋时，叶适曾痛心地指出："而本朝之所以立国定制、维持人心，期于永存而不可动者，皆以惩创五季而矫唐末之失策为言，细者愈细，密者愈密，摇手举足，辄有法禁。而又文之以儒术，辅之以正论，人心日柔，士气日惰，人才日弱……"[1]部分道出以张亢为代表的儒将无奈角色与归宿的原因。

1　叶适：《水心别集》卷一二《法度总论二》，《叶适集》，第789页。

宋代军功集团在政治上的消亡及其影响

中国古代历史上，长期存在着军功贵族或军功阶层及军功集团，其地位显赫，并在政治上发挥重要的影响力。而到宋朝，军功贵族或军功阶层没有形成，军功集团也迅速在政治上瓦解。这一历史现象的出现，无疑值得关注，它不仅反映了宋代统治结构的重要变化，而且对其政治也产生了重大的影响。

一 先秦以降军功贵族在政治上的传统地位及影响

众所周知，先秦时期，源于早期氏族血缘

影响巨大的三代，大致实行了分封的政治模式，各级世袭贵族成为政权的主要支柱和统治力量，所谓"世卿世禄"。与此同时，由于早期国家的职能主要体现在祭祀与征伐方面，所谓"国之大事，在祀与戎"，[1] 即注重血缘祭祀维系宗法统治的作用，同时依赖武力手段征伐和压制周边邦国，因此各级贵族成为军事的主角，出征将帅由公卿贵族担任，战士通常由下级贵族的士等组成。周天子左右的大臣，除了在内执政外，其对外的主要职责就是统军出征，如姜尚、周公东征等典型例证。《周礼》反映：西周时期，设置大司马一名，由卿大夫担任；小司马两名，由中大夫担任；军司马四名，由下大夫担任；舆司马八名，由上士担任；行司马十六名，由中士担任；旅三十二名，由下士担任。[2] 即使在"礼崩乐坏"的春秋之时，贵族从军与崇尚军功的传统依旧，如齐国仍设二十一乡，其中士乡十五，"公帅五乡焉，国子帅五乡焉，高子帅五乡焉"，[3] 即齐国军队由十五乡士构成，分别由国君与国子、高子统帅。而秦国则在原有与西戎融合的基础上，又部分地继承了周代的制度，尚武的贵族继续在军事活动中保持主体地位。因此，这一时期，贵族从军不仅是义务，而且也是特

---

1 杨伯峻编著《春秋左传注》（修订本），中华书局，2016，第941页。

2 孙诒让：《周礼正义》卷五四《夏官·叙官》，王文锦、陈玉霞点校，中华书局，2013，第2235页。

3 徐元诰：《国语集解》卷六《齐语第六》，王树民、沈长云点校，中华书局，2002，第222页。

权和荣誉。所以，当时贵族教育的内容——"六艺"，就有"射""御"等军事性科目。孟子即云："设为庠序学校以教之。庠者，养也。校者，教也。序者，射也。"[1]后来王安石指出，古代士人习"文武之道"，以射术和御乘为先，其他技能倒在其后，"于礼乐之事，未尝不寓以射"，"居则以是习礼乐，出则以是从战伐"。[2]由此可见，贵族与军功保持着密切的关系。这其实也是人类文明社会早期阶段的共性，即所谓人类"英雄时代"的特点。

春秋战国之际，在社会发生重大变化的同时，诸侯、列国之间的战争更加激烈。随着战国时代战争规模的扩大与时间的延长、战争方式及兵种的变化，特别是各国围绕争霸图强的目的不断实施变法，使旧有的军事制度逐渐发生演变，下层民众更多地被征发从军，军功的开放又撕裂了旧贵族的专属特权，并造就出一批批的新兴贵族及阶层，其中以秦国的商鞅变法最为突出。秦国走"农战"的强国之路，其军事实力迅速崛起，终于用武力灭亡六国。其中二十等军功爵制度的推行，引导国民发展，大批新兴军功阶层从而成为秦国主要的统治力量。

秦汉时期，因为国家统一形势的需要，尤其是北抗匈奴、南拓岭越，军功依然具有巨大的意义。事实上，由于军功贵族、军功阶层在秦汉帝国的创建过程中发挥了重要

1　焦循：《孟子正义》卷一〇《滕文公章句上》，沈文倬点校，中华书局，1987，第343页。

2　王安石：《王文公文集》卷一《上皇帝万言书》，第7页。

的作用，遂长期占据统治集团的核心地位。如现代学者研究指出："秦之国家和社会由此完全由秦之军功受益阶层所支配和主导。"而汉初军功受益阶层也完全主导了西汉建立后五十多年，历经汉高帝、惠帝、吕后与文帝。此后其影响力逐渐衰减，但仍持续了五十余年，"直到武帝末年从历史舞台上消失"，前后影响西汉王朝超过一百年。[1]还值得关注的是，西汉时期将军的地位极为突出，如当时大臣列名时，大将军及诸将军便在副宰相的御史大夫之前。[2]宋代陈傅良云，汉朝"太尉相国列为三公，城门领兵得如五府""武帝留意边功，增设营校，卒置大司马官，尊宠将帅，以冠诸军，大臣之权尤偏重于将矣"。[3]由此可窥见当时将军显赫地位之一斑。

　　东汉及其以后，在以往传统政治深刻的影响下，开国军功集团在各王朝建立后都拜官授爵，并长期占据显赫的位置，在统治中发挥重要的作用。如东汉的南阳豪强军功集团、隋唐的关陇军功集团，都在东汉与隋唐国家前期的统治中具有至关重要的地位。而在三国、十六国、北朝及五代时期，由于战争频仍，大小政权对军事力量的依赖

1　李开元：《汉帝国的建立与刘邦集团——军功受益阶层研究》，第240—243页。

2　《汉书》卷六八《霍光传》，第2939页。

3　陈傅良：《历代兵制》卷二《东汉》，《景印文渊阁四库全书》第663册，第450—451页。安作璋、熊铁基《秦汉官制史稿》（齐鲁社，1984）第三章第一节"大将军（附各种武官）"在对秦汉时期武将的设置情况进行叙述的同时，充分地肯定了高级武将在当时的重要地位，其中特别是大将军至前后左右将军的地位相当高，而大将军、骠骑将军的权威甚至在宰相之上，车骑将军、卫将军等也位比三公，在九卿之上。

更为强烈，一时武力因素在国家政治生态中占据突出的位置，军功贵族、军功集团更扮演了主导政治的角色。

先秦以降，军功贵族或军功阶层、集团长期拥有传统的重要地位，于是对当时的政治产生了巨大的影响。即使随着政权的不断演进，其特权地位逐渐衰减，但其影响力仍能惯性地延续相当长的时间。就这一阶层、集团的角色而言，无疑具有鲜明的尚武特性。因此，在国家发展的路线设计上，他们倡导走强军强国之路，施政上强调军事手段的重要性，特别是对外通常采取积极进取、开疆拓土的态度，如汉唐时代对塞外强大游牧势力的积极战略及活动。在极端化的情况下，甚至有"穷兵黩武"的倾向，如十六国、隋炀帝及五代时期。而理性的统治者则强调武功与文治之间的配合，如深谙此道的唐太宗便概括了文武之间的关系："斯二者递为国用。至若长气亘地，成败定乎锋端，巨浪滔天，兴亡决乎一阵，当此之际，则贵干戈，而贱庠序。及乎海岳既晏，波尘已清，偃七德之余威，敷九功之大化，当此之际则轻甲胄，而重诗书。是知文武二途，舍一不可。与时优劣各有其宜，武士、儒人焉可废也。"[1] 即：战时军事手段和武将发挥重要作用，平时的文治与建设中，文臣则居于主导地位。

官僚体制自战国、秦朝形成后，虽然出现了文、武分工，但彼此并无绝对的鸿沟，因统治需要而常有"出将

1　唐太宗:《帝范》卷四,《丛书集成初编》第 927 册, 第 42—43 页。

入相"之说。所谓"汉初诸将所领官多为丞相，如韩信初拜大将军，后为左丞相击魏，又拜相国击齐。周勃以将军迁太尉，后以相国代樊哙击燕，樊哙以将军攻韩王信，迁为左丞相，以相国击燕。郦商为将军，以右丞相击陈豨"，其余如尹恢、陈涓皆以丞相出师。[1] 再如隋朝杨素、唐朝李靖、徐世勣、刘仁轨、娄师德及郭元振等人，也先后因军功而入朝为相。据唐人记载："高宗朝，姜恪以边将立功为左相，阎立本为右相。"于是世称："左相宣威沙漠，右相驰誉丹青。"唐玄宗时，郭元振、薛讷、李适之等"咸以立功边陲，入参钧轴"。[2] 这同样说明军功集团在政坛上的重要影响。

　　上述军功贵族、军功集团长期的传统影响，还对当时社会风尚产生了广泛的导向作用。三代时期，贵族因垄断军戎而造成的崇高社会荣誉自不待言。战国、秦汉时代，军功及军功爵对国人的发展无疑具有巨大的感召力，获得军功爵不仅可以得到相应的政治地位和经济利益，而且还可以入仕为官。如秦有所谓"官爵之迁与斩首之功相称"[3] 之说，即指秦之官职爵位的高低与军功的多寡存在直接联系。汉代虽然对低爵授官加以限制，但官职对高爵者则仍

1　洪迈：《容斋随笔·续笔》卷一〇《汉初诸将官》，孔凡礼点校，中华书局，2005，第336页。

2　刘肃：《大唐新语》卷一一，第173页。

3　王先慎：《韩非子集解》卷一七《定法第四十三》，锺哲点校，中华书局，1998，第399页。

然开放。[1] 因此，投身沙场博取功名受到世人的追逐，从而在社会上营造了强烈的崇尚军功的意识。这种军功爵制度一直延续到曹魏时期，其对社会价值观的影响，则更为深远。即使是世族门阀盛行的两晋南北朝之时，士族中统兵者仍不少见，军功也成为世人向往的重要目标。当时影响颇大的《颜氏家训》指出："必有天才，拔群出类，为将则暗与孙武、吴起同术，执政则悬得管仲、子产之教。"[2] 又谆谆告诫道："习五兵，便乘骑，正可称武夫尔。今世士大夫，但不读书，即称武夫儿，乃饭囊酒瓮也。"[3] 如名士阮籍之谋求步兵校尉，谢石、谢玄之热衷带兵。现代学者因此指出，将军在汉代已出现"用为优崇之衔"的情况，可以加给并不带兵的文官等。到魏晋南北朝时，诸"将军"逐渐演变成由众多军号构成的军阶，授予的对象"并不限于军官而已，也包括文职官员"。[4] 这种原本武事性的将军称号，授于武臣之外文官的现象，也折射出军功在当时社会上依然有着根深蒂固的影响。唐代时期，文人投笔从戎的现象屡见不鲜，反映出世人的价值取向。如李白勉励外甥从军："六博争雄好彩来，金盘一掷万人开。

1　这方面的研究已有相当多成果，参见漆侠《二十等爵与封建制度》，《求实集》，天津人民出版社，1982，第40—59页。

2　王利器：《颜氏家训集解》（增补本）卷三《勉学第八》，中华书局，1993，第158—159页。

3　王利器：《颜氏家训集解》（增补本）卷五《诫兵第十四》，第355页。

4　阎步克：《品位与职位：秦汉魏晋南北朝官阶制度研究》，中华书局，2002，第34—35页。

丈夫赌命报天子，当斩胡头衣锦回。"[1] 一时"宁为百夫长，胜作一书生""功名只向马上取，真是英雄一丈夫"之类诗句唱响南北。中唐以后，文人还常常以投身藩镇幕府为晋身要途，自愿效力于武夫悍将，所谓"大凡才能之士，名位未达，多在方镇"。[2] 五代乱世，学子弃文从武的记载更不少见，更折射出武风甚烈的社会意识。

二 宋初以来抑制军功集团的举措及其效应

宋朝创建之后，在施政理念、制度建设、社会变易的推动下，传统军功贵族、军功集团的命运遂发生了重要转变，其政治影响力也与以往大不相同。

宋太祖建国伊始，如同以往王朝一样存在开国功臣，特别是协助赵匡胤发动陈桥兵变的一批高级将领，以及追随宋太祖的部下将官，如石守信、王审琦、高怀德、张令铎、张光翰、赵彦徽、韩重赟、罗彦瓌、王彦昇及张琼等。于是，在宋开国仅几天后，宋太祖就公布了第一批奖赏的功臣名单：石守信由殿前都指挥使迁为侍卫马步军副都指挥使，高怀德由侍卫马军都指挥使迁为殿

1　李白：《李太白全集》卷一七《送外甥郑灌从军三首（之一）》，王琦注，中华书局，1977，第 810 页。

2　《旧唐书》卷一三八《赵憬传》，第 3778 页；并参见张国刚《唐代藩镇研究》，生活·读书·新知三联书店，2023，第 8 页。

前副都点检，张令铎自侍卫步军都指挥使迁为侍卫马步军都虞候，他们同时获迁更大的节镇；王审琦则从殿前都虞候迁殿前都指挥使，张光翰和赵彦徽也分别由禁军厢都指挥使升任侍卫马军、步军都指挥使，并都由防御使升为节度使。[1] 不久，韩重赟等人也先后得到提拔。与此同时，还有一些禁军宿将对新朝采取合作的态度，对稳定时局也起到了积极的作用，特别是原后周侍卫马步军都虞候韩令坤、殿前副都点检慕容延钊，都手握重兵在外，但因与赵匡胤关系密切，主动称臣，因此分别被提拔为侍卫马步军都指挥使、殿前都点检，[2] 获任禁军两司最高军职。这样，在宋朝建国初就形成了一批武人组成的军功集团，他们还代表了唐末、五代以降在社会、政治上具有强大影响的军人力量。如果依照传统习惯，他们将自然成为宋朝统治的骨干力量，并在政治上占据显赫的地位，产生重要的影响。

然而，唐朝后期、五代经历了百余年的藩镇割据、武人跋扈。当此之时，盘根错节的各种藩镇武装势力控制了各地，不仅社会经济遭到破坏，而且国家秩序混乱，文官集团受到压制，皇权也走向式微。事实上，五代十国的大

1　李焘：《续资治通鉴长编》卷一，建隆元年正月辛亥，第 6 页。另，张、赵二氏无传，其事迹仅在《宋史》韩重赟传中有所涉及，见《宋史》卷二五〇《韩重赟罗彦瓌王彦昇传》，第 8823—8829 页。另《宋史》卷二五〇将韩、罗及王氏传与石守信等并列，亦为佐证。

2　《宋史》卷二五一《韩令坤传》《慕容延钊传》，第 8833、8834 页。

小帝王也大都为藩镇出身的武君。后晋时，军阀安重荣便敢于发出"天子，兵强马壮者当为之，宁有种耶"[1]的呼声。体现出社会观念对传统君权神圣法统的挑战。这种强烈的时代背景，必然对宋初政治产生莫大的影响。

因此，宋初统治者一方面急于统一天下，另一方面也不能不思考如何恢复统治秩序和长治久安的重大问题。宋太祖君臣探讨以往长期动乱的核心症结时，一致认为便是臣强君弱所致，其祸根则是武力因素超强干预政治。[2]如宋人总结："大抵五代之所以取天下者，皆以兵。兵权所在，则随以兴；兵权所去，则随以亡。"[3]于是，宋廷在剿灭割据政权的同时，采取一系列收兵权举措，并消弭武臣武力取天下的观念，以结束动乱，维护中央集权和专制皇权的统治，这正是物极必反的事物发展的逻辑结果。

在上述背景下，宋太祖首先要解决的是功高震主的功臣问题，以消除来自身边禁军高层的直接威胁。建隆二年（961），宋太祖先罢免了慕容延钊和韩令坤的两司最高军职。不久，又通过著名的"杯酒释兵权"之举，剥夺了殿前副都点检高怀德、侍卫马步军都虞候张令铎和殿前都指

1　《旧五代史》卷九八《安重荣传》，第1302页。

2　李焘：《续资治通鉴长编》卷二，建隆二年七月戊辰条记载，宋太祖云："天下自唐季以来，数十年间，帝王凡易八姓，战斗不息，生民涂地，其故何也？吾欲息天下之兵，为国家长久计，其道何如？"赵普答道："此非他故，方镇太重，君弱臣强而已。"第49页。

3　范浚：《范香溪先生文集》卷四《五代论》，《宋集珍本丛刊》第42册，第394页。

挥使王审琦等人的禁军帅职，令诸将各归本镇。而殿前都点检、副都点检两职不再除授。石守信同样被责令出镇，虽仍兼任马步军都指挥使一年左右，"其实兵权不在也"。[1]而马步军都虞候一职，在张令铎罢任后"凡二十五年不以除授"。[2]此举其实只是通过经济赎买的办法，剥夺一批开国功臣统率禁军的权力，与以往汉高帝杀戮功臣的精神一致，仅仅是手法不同而已。

其次，宋太祖统治集团在完成以上举措的前后，又对藩镇势力逐步加以压制。最初，除了对反抗的李筠和李重进两大藩镇镇压外，对其余节度使则采取包容默认的态度，并不断提拔有功的将领进入节度使行列。在控制兵权之后，便采取一系列削藩举措，如利用一些旧藩镇将帅年老、生病、故去以及犯法等机会，解除他们的节度使之衔，并终止其后嗣继任，从而结束了藩镇世袭的陋习。开宝二年（969），再通过"后苑之宴"，集中解除了一批旧藩镇将帅的节钺，"召前朝慢令恃功藩镇大臣，一日而列于环卫，皆俯伏骇汗"。[3]与此同时，实施"稍夺其权，制其钱谷，收其精兵"[4]的措施，对各地节度使的地方实权予以剥夺，在制度上逐渐形成文臣知州、知县管理地方的体制，取代了旧有藩镇属下的武臣刺史、县令，节度使遂演

1　李焘：《续资治通鉴长编》卷二，建隆二年七月庚午，第50页。
2　李焘：《续资治通鉴长编》卷二七，雍熙三年七月甲戌，第620页。
3　陈傅良：《历代兵制》卷八《宋》，《景印文渊阁四库全书》第663册，第477页。
4　李焘：《续资治通鉴长编》卷二，建隆二年七月戊辰，第50页。

变为位高而无权的官衔。

大致来说，在宋太祖的压制下，军功将帅及其家族享受到优厚的经济待遇，在"杯酒释兵权"过程中，赵匡胤还鼓励他们置买歌儿舞女、良田美宅，为其发财致富打开便利之门。同时，其子弟也享有恩荫入仕的权利，但失去了以往世代把持政治大权的机会。其实就其恩荫的特权而言，与文臣高官并无多大差别。所以，他们也不能成为政坛上的垄断势力集团。

最后，宋太祖君臣还动手解决长期存在的文、武关系严重失衡的问题，禁止将帅干预中央和地方政治，强调文臣与武将的角色与分工，[1]并采取各种措施逐步提高文官及士大夫的社会地位，在体制上牵制武将势力，以便从根本上杜绝武力因素对国家秩序的危害。宋初以降，统治集团更在意识形态上予以配合，竭力恢复并强化儒家的纲常伦理观念，以维持社会稳定。在此基础上矫正以往风气，在社会意识中消弭重武轻文的观念，以更大限度地稳定新生的政权秩序。宋太祖朝的一系列崇儒举动，旨在向天下传递尊儒重文的信息。可以说，"崇文抑武"的治国思想、方略就此初步萌发。[2]

经过宋太祖朝治国思想方略的启动及一系列制度建设和举措的推行，不仅武人远离了朝政的中心，而且军功集

1 参见邓小南《祖宗之法：北宋前期政治述略》，第 176 页。
2 参见陈峰《试论宋朝"崇文抑武"治国思想与方略的形成》，张希清等主编《10—13 世纪中国文化的碰撞与融合》，第 350—370 页。

团也趋于瓦解，逐渐退出了中央和地方行政机构，其政治影响力大为减弱。

宋太宗即位后，继续以往的施政路线，尤其是随着二次北伐的失败，宋统治集团将注意力转向内部，采取"守内虚外"之策，[1]从此彻底放弃武力收复燕云的目标，也停止了开疆拓土的活动，其军事思想转为保守，积极防御的战略被消极防御的战略所取代。据记载，当第二次北伐失败后，以重臣赵普为首的执政群体便激烈批评北伐行动。赵普还告诫道，小人（指武将）好战，"事成则获利于身，不成则贻忧于国"；又从维护皇帝个人利益出发，特别提出"兵久则生变"的劝诫，深得宋太宗的认同。[2]基于第一次北伐期间有将领谋立宋太祖之子事件的教训，宋太宗加剧了对武将的猜忌心。王船山即敏锐地指出："宋所忌者，宣力之武臣耳，非偷生邀宠之文士也。"[3]于是追求专制皇权统治稳定和"文治"功业成为施政的重心，边防则退为次要问题。因此，"崇文抑武"的治国方略遂得到确立，即：侧重以儒家道德思想治国，推崇文治而排斥武功，有意抑制武力因素在国家政治生活中的影响，以求长治久安。表现出的国家发展路线便是：强调文治，重心在

1　参见漆侠《宋太宗与守内虚外》，《宋史研究论丛》第 3 辑，第 1—17 页。

2　赵普的议论，见于《宋史》卷二五六《赵普传》，第 8934—8936 页；李焘《续资治通鉴长编》卷二七，雍熙三年五月丙子，第 614—617 页。第一次北伐期间，曾发生了部分将领试图拥戴宋太祖之子称帝的事件，宋太宗对此一直耿耿于怀。此事见于司马光《涑水记闻》卷二，第 36 页。

3　王夫之：《宋论》卷二《太宗》，第 37 页。

内，回避、放弃武功。为了防止军事将领群体干扰其主导方针，又实施"将从中御"之法，对武将处处设防，不断钳制打压。

通过宋太祖、太宗两朝的上述举措及活动，开国军功集团作为一股强大的政治势力在政坛上失去了发展的空间，很快被瓦解和边缘化了，军事将领仅仅作为官僚队伍的一部分而存在，而唐末五代以降强大的武人社会力量也迅速消解。到宋太宗朝，武将群体不仅地位下降，而且精神状态也呈现一派颓势，受到士大夫的轻蔑。以至于文臣王禹偁为此不平，提出了"望减儒冠之赐，以均战士之恩""抑儒臣而激武臣"[1]的激进主张。位居枢密使的大将曹彬，在街市上与士大夫相遇，也要做出退避让路的姿态。[2]曹彬此举颇具有象征性和示范性。

宋人张演指出："宋朝之待武臣也，厚其禄而薄其礼。"[3]也就是说宋廷对武将在经济上给予优待，但在权威、礼仪上予以压制和歧视。此语极为深刻地道出了宋朝压制武人及军功集团的精神要点。这种以钳制、打压为根本，以优容、宽纵为表象的做法，实非偶然或一时权宜，而是出于当时"崇文抑武"思想方略与现实统治的需要。

事实上，宋初军功集团在政治上的消亡，除了统治者的主动举措外，其实还存在深刻的社会根源。即：唐宋之

1　李焘：《续资治通鉴长编》卷三〇，端拱二年正月癸巳，第673页。
2　《宋史》卷二五八《曹彬传》，第8982页。
3　章如愚：《群书考索·后集》卷二一《官门》，第589页。

际社会发生重大变迁，中古时代的特权门阀世族至宋已经消亡，士庶区隔消失后，地主成为占统治地位的阶级。因此，军功贵族失去了生存的社会环境。同时，宋朝在以往的基础上，大规模实行了募兵制度，特别是实施"荒年募兵"的举措。[1] 而在租佃经济发展起来的背景下，募兵队伍主要由被土地兼并排挤出来的破产农民组成，另外还包括充军的罪犯，因此其社会地位便低于以往征兵制下的军人，这从士兵面部刺字这一与罪犯共有的标记可以说明。如宋代人指出："往往天下奸悍无赖之人，苟其才行足以自托于乡里者，亦未有肯去亲戚而从召募者也。"[2] 士兵被视作"贱隶"的结果，也极大地削弱了军人的社会地位和尊严。而极端化地加强皇权和收兵权的结果，自然进一步抑制了军功集团的社会影响。

三　宋朝军功集团消失的影响

宋朝开国以后，在前述一系列方针、举措的推动下，军功集团迅速退出政治舞台的中心，以往长期存在的军功影响政治的传统因此发生变化。而这一结果的出现，对宋朝政治及社会都产生了重大的影响。总的说来，主要体现

1　参见邓广铭《北宋募兵制度及其与当时积弱积贫和农业生产的关系》，《中国史研究》1980 年第 4 期。

2　王安石：《王文公文集》卷一《上皇帝万言书》，第 7 页。

在以下几方面。

首先，加速了科举出身的官僚士大夫在政坛的崛起。如前所述，在唐宋之际社会巨变的过程中，宋统治者代表以地主为主的有产阶级的利益，认为"富室连我阡陌，为国守财尔。缓急盗贼窃发，边境扰动，兼并之财乐于输纳，皆我之物"，[1]自然也要依靠他们的支持。而人数众多、分散各地的地主，是无法像以往对待少数贵族、世族那样都给予政治特权的，只能通过选拔或流动的办法，由他们中的代表人物组成国家的政治中坚力量。于是科举制度迅速发展，必然成为选官制度的主体。

随着宋初抑制军功集团的措施和"崇文抑武"方略不断发挥效用，大致到宋太宗朝后期，武将势力在政治上已逐渐处于配角的地位，科举官僚则居于统治集团的核心，随后其影响力日益扩大，至宋真宗朝以后则完全成为统治集团的主体。通过《宋史·宰辅年表》，可以清楚地看到宋朝宰执大臣基本由科举出身构成的事实，如北宋宰相共有71人，其中64人出身进士，其余非科举出身的7人中，仅有3人为开国功臣，而在所有的宰相中，竟无一人出身武臣。[2]南宋时期的情况也大体如此，共有宰相62人，其中51人出身科举，6人出身太学生，其他4人出身恩荫，

1 王明清：《挥麈录·余话》卷一引《枢廷备检》，第221页。
2 《宋史》卷二一〇至卷二一二《宰辅年表》，第5416—5531页。

1 人出身武臣。[1]

不仅如此，为了防止军权旁落、武人干政，宋朝设置枢密院掌管最高军事决策和机要。随着形势的发展，这一机关中科举出身的文官逐渐在人数上占据优势。宋真宗朝"澶渊之盟"后，文官基本上控制了枢密院。到宋仁宗朝，武臣很快就从枢密院退出，直到北宋灭亡，枢密院都几乎是文臣掌管。[2]南宋时期，由宰相兼任枢密使往往成为定制。再从各地军事统率组织来看，大约在"澶渊之盟"后出现了文臣参与统军的现象，到宋仁宗时代遂形成了文臣担任主帅、武将充当副将的制度，如宋哲宗朝人所说："臣窃闻祖宗之法，不以武人为大帅专制一道，必以文臣为经略以总制之。武人为总管，领兵马，号将官，受节制，出入战守，唯所指挥。"[3]因此，就宋代文官士大夫在政坛的位置而言，确已达到前所未有的地位。[4]北宋中叶

1　据《宋史》卷二一三至卷二一四《宰辅年表》（第5543—5655页），可知57人出身情况。其余沈该、曾怀、钱象祖、留梦炎和吴坚等5人出身背景，则考诸其他史籍获知，见陈骙《南宋馆阁录》卷七《官联上》，中华书局，1998，第77页；《宋史》卷三四《孝宗纪二》，第653页；陈耆卿《嘉定赤城志》卷三三《人物门·本朝》，《宋元方志丛刊》第7册，中华书局，1990，第7529—7539页；《宋史》卷四三《理宗纪三》，第830页；陈骙《南宋馆阁录·续录》卷八《官联二》，第308页。

2　陈峰：《从枢密院长贰出身变化看北宋以文驭武方针的影响》，《历史研究》2001年第2期。

3　刘挚：《上哲宗论祖宗不任武人为大帅用意深远》，赵汝愚编《宋朝诸臣奏议》卷六五，第724页。

4　参见陈峰《宋朝的治国方略与文臣士大夫地位的提升》，《史学集刊》2006年第1期。

人即指出："今世用人，大率以文词进。大臣文士也，近侍之臣文士也，钱谷之司文士也，边防大帅文士也，天下转运使文士也，知州郡文士也。虽有武臣，盖仅有也。"[1]南宋时期，大致延续了这一格局。

如此一来，宋朝科举文官集团长期执政，武将群体受到压制，文官武将之间的关系出现了新的失衡，并产生巨大的鸿沟，使得宋朝以前盛行的"出将入相"现象消失，从而极大地改变了统治集团的构成，形成了典型的文官士大夫政治。

其次，对宋朝国家发展走向产生重要影响。军功集团在宋朝政治上的消退，制约了尚武力量对王朝施政的影响，文官大臣的主张更容易付诸实施，特别体现在对外政策与边防方面，积极进取、开疆拓土的活动遂受到遏制。宋太宗第一次北伐失败后，文臣张齐贤便上疏反对用兵："臣闻家六合者以天下为心，岂止争尺寸之事，角强弱之势而已乎？"[2]到第二次北伐失败后，文臣执政群体便激烈批评用兵行动。赵普认为："岂必穷边极武，与契丹较胜负哉？"[3]端拱（988—989）初，宋太宗诏文武群臣"各进策备御"。宰相李昉"引汉、唐故事，深以屈己修好、弭

1　《蔡襄集》卷二二《国论要目》，第384页。

2　《宋史》卷二六五《张齐贤传》，第9151—9156页；并见李焘《续资治通鉴长编》卷二一，太平兴国五年十二月辛卯，第484—485页。

3　《宋史》卷二五六《赵普传》，第8934—8936页。

兵息民为言，时论称之"。[1]淳化四年（993），宋太宗与宰臣吕蒙正讨论战争议题，吕氏以隋、唐动武之害为例，认为隋唐两朝数十年间，四次讨伐辽东，人不堪命。因此"治国之要，在内修政事，则远人来归，自致安静"。文臣的这些意见，最终都影响到宋太宗的态度。如宋太宗接受了宰相吕蒙正的意见，表示："且治国在乎修德尔，四夷当置之度外。"[2]"守内虚外"遂成为重要的治国之策，并被作为祖宗之法为宋朝后世所沿袭。如：大中祥符三年（1010），当有将领反映西夏"颇不遵守誓约"时，宋真宗询问宰相王旦道："方今四海无虞，而言事者谓和戎之利，不若克定之武也。"王旦则说服道："止戈为武。佳兵者，不祥之器。祖宗平一宇内，每谓兴师动众，皆非获已。先帝时，颇已厌兵。今柔服异域，守在四夷，帝王之盛德也。"宋真宗深以为然。[3]

由此历史上高度重视和依赖军事武力的传统发生了转变，强军强国的发展路线逐渐被追求文治和稳定的思想取代。就政治理想而言，宋儒们追求的是"圣王"之道，而不是秦汉以降的"霸道"。如力主改革的王安石也劝告宋神宗不必效仿汉唐盛世，而应当直追三代，"法先王"。[4]

1　《宋史》卷二六五《李昉传》，第9137页。
2　《宋史》卷二六五《吕蒙正传》，第9147页；李焘：《续资治通鉴长编》卷三四，淳化四年十一月甲寅，第758—759页。
3　李焘：《续资治通鉴长编》卷七三，大中祥符三年五月癸卯，第1672页。
4　王安石：《王文公文集》卷一《上皇帝万言书》，第2页。

宋朝主流意识从理论上否定汉、唐"盛世"，便意味着反对追求"霸道"和武功，对开疆拓土从价值上予以否定，文治昌盛成为国家追求的发展目标。

再次，对社会价值观与风尚的深远影响。宋初以降，随着军功集团在政治上的消退，以及"崇文抑武"方略的推行，科举制度与文官士大夫的政治影响力持续高涨，逐渐形成了文尊武卑的价值观。北宋中叶人田况引用当时人的话说："状元登第，虽将兵数十万恢复幽蓟，逐强虏于穷漠，凯歌劳还，献捷太庙，其荣亦不可及也。"[1] 从"文"遂成为宋代世人追求的目标，所谓："今也举天下之人总角而学之，力足以勉强于三日课试之文，则嚣嚣乎青紫之望盈其前，父兄以此督责，朋友以此劝励。"[2] 所谓"满朝朱紫贵，尽是读书人"。[3] 投军则很难受到世人的赞许，如著名理学家张载年轻时，面对爆发的对夏战争，"慨然以功名自许……上书谒范文正公。公知其远器，责之曰：'儒者自有名教可乐，何事于兵！'手《中庸》一编授焉"。[4] 南宋初，抗金形势异常紧张，还出现了这样的情况："时议者以为自兵兴以来，士大夫一入军中，便窃议

1　田况：《儒林公议》卷上《太宗临轩放榜》，张其凡点校，中华书局，2017，第8页。

2　叶适：《水心别集》卷一三《科举》，《叶适集》，第799页。

3　张端义：《贵耳集》卷下，《全宋笔记》第6编第10册，第356页。

4　黄宗羲原著，全祖望补修《宋元学案》卷一七《献公张横渠先生载》，陈金生、梁运华点校，中华书局，1986，第662页。

而鄙笑之，指为浊流。"[1] 可见即使在国家用兵之际，这种观念仍然在产生影响。

与以往相比，宋代社会风尚发生重要的变化，军功的感召力和影响力大为削弱，士人、文臣通常不愿投笔从戎，政坛还形成突出的"文不换武"现象，即文官不愿转换为武职。[2] 而作为领风气之先的文臣学子，他们的这一行为，又无疑对当时社会风尚产生重大的影响，造成以从军为耻的观念，社会精英遂远离军伍，从而使传统的"尚武"精神显著衰减。

最后，对边防产生直接的影响。如前所述，由于传统的军功集团及其政治倾向在宋代受到遏制，宋太宗以降又奉行"守内虚外"之策，被动、消极防御的战略主导了国防，并为其嗣君所继承，将帅对军队的指挥受到各种钳制。因此，虽然宋朝军队数量庞大，但边防不免长期陷于被动挨打的境地。

通览宋朝历史，不难发现自宋太宗北伐失败之后，统治集团便实施全面防御的军事部署，积极主动的军事主张及活动通常受到压制，将领往往处于束手束脚、无所作为的境况。所谓"图阵形，规庙胜，尽授纪律，遥制便宜，主帅遵行，贵臣督视"，[3] 致使边防出现被动挨打的状况。

1　李心传编撰《建炎以来系年要录》卷一〇六，绍兴六年十一月戊寅，第2000页。
2　参见本书"从'文不换武'现象看北宋社会的崇文抑武风气"一章。
3　杨亿:《武夷新集》卷一〇《李继隆墓志铭》,《宋集珍本丛刊》第2册，第288—289页。

史称："及乎贼众南驰，长驱深入，咸婴城自固，莫敢出战。是汉家郡县，据坚壁，囚天兵，待敌寇之至也。所以犬羊丑类，莞然自得。"[1] 宋真宗登基后，在消极防御的祖宗之法影响下，北方和西部战线频频告急。"澶渊之盟"订立后，宋统治集团又进一步视议和为解决边患的"良药"，边防建设更得不到足够重视，军队少有积极行动。如宋人所说，"澶渊之盟"后，真宗君臣安于现状，回避边患问题，"则知兵革不用，乃圣人本心，自是绝口不谈兵矣"。[2] 到宋仁宗时代，由于统治者对边防缺乏远见，依旧固守原有的部署，军队士气和战斗力低下的情况更为严重，至宋夏冲突爆发后，宋朝脆弱的防御体系立即暴露无遗。所谓："昔仁宗皇帝覆育天下，无意于兵。将士惰偷，兵革朽钝，元昊乘间窃发，西鄙延安、泾、原、麟、府之间，败者三四，所丧动以万计。"[3] 之后，宋朝虽然在个别阶段对军事部署有所调整，但其主体宗旨从未改变。可以说，宋统治集团继续了排斥武功的传统，满足于维持内部的稳定，重大边防战争不到不得已通常不为之。诚如朱熹所指出："本朝全盛之时，如庆历、元祐间，只是相共扶持这个天下，不敢做事，不敢动。被夷狄侮，也只忍受，不敢与较。"[4] 南宋时期，大致延续了北宋的做法，虽然长

1　李焘：《续资治通鉴长编》卷三〇，端拱二年正月，第667页。
2　曹彦约：《经幄管见》卷一，《景印文渊阁四库全书》第686册，第36页。
3　《苏轼文集》卷三七《代张方平谏用兵书》，第1050页。
4　黎靖德编《朱子语类》卷一二七《本朝一》，第3051页。

期处于外患的巨大压力下，要求抗金的呼声不断，但在长期惯性思维与制度的推动下，主和仍然成为朝廷的主流意识，不敢也不愿主动收复北方失地，而满足于偏安江南。宋高宗君臣甚至不惜借杀害岳飞之举，实施第二次"收兵权"，压制主战派和一度抬头的军功集团力量。

综上所述，中国古代政坛上长期存在的军功贵族或军功集团，至宋代迅速瓦解，传统军功的重要政治影响力也随之衰亡。这一现象的出现，不仅改变了宋代的统治结构，而且对其政治、军事以及社会风尚也产生了重大的影响。

宋朝的科举入仕与官场底线

孔夫子的名言"学而优则仕"，本是希望掌握儒家理念及学说的优秀知识分子积极从政，以建设理想状态的"仁政"国家。这为有志于此的读书人指明了奋斗的方向，影响深远，几乎家喻户晓。但在中国古代漫长的历史上，这一名言在现实中既未见得很好落实，又常常被曲解或沦为空洞的口号。

在先秦时代，长期盛行世袭制度，官爵在各等级贵族内部传递，即"世卿世禄"，故寻常书生即使再优秀也很难步入政坛。之后秦汉的军功爵、魏晋南北朝的九品中正及隋唐的门荫等制度，也是属于世袭或半世袭的规则。倒是汉代的征辟、察举制中的某些名目，为读书人提供了狭窄的途径。如此这般，在贵族、豪强以及高门大族的把持下，普通读书人要顺利做官，着实艰难。而即使一些有幸踏入政界者，因为背景不强，上升的空间依旧极为有限。难怪孔子自己便如"丧家之犬"，一生颠沛流离；司马相如之流的文人，终日围绕在王侯将相身边，以奉献歌功颂德的诗赋为安身立命之本；出身寒门的陶渊明，才华横溢，声名远扬，却徘徊在县衙之内，最终无奈地退隐田园。因此，彼时对大多数学子来说，"学而优则仕"只能是一种理想，或者是遥不可及的梦想。

"学而优则仕"主张在真正意义上的实践，还要说是唐朝科举制度推行以后。与凭借血缘、出身背景的选官规则相比，科举制设计的基本原则是不问门第出身，以考试成绩录用，因此选拔的范围既广泛，打破了特权阶层垄断官场的格局，同时又以文化知识为条件，对提升官员的素质发挥了积极的作用，自然显得更为合理。这便为一般读书人入仕，打开了方便之门。然而在唐代，一方面门阀世族是"百足之虫死而不僵"，影响力依旧不容忽视；另一方面科举毕竟属于新生事物，规模有限，还无法完全满足优秀学人的要求。如白居易所反映：陈子昂、杜甫仅各授一拾遗，而困顿至死；李白、孟浩然不及一官职，穷悴终身；孟郊六十岁，才终试协律郎；张籍到五十岁，尚未离开太祝之位。所谓的拾遗、协律郎以及太祝，都属低下官位。由此可见，这许多震惊当代及后世的大才子，科举成功后所获不过如此，而李白与孟浩然更是白衣一生，与仕宦无干。难怪乎白乐天先生发出"彼何人哉？彼何人哉"的不平呼声。

毋庸置疑的是，中国科举制度的黄金时代是在宋朝，因为宋代科举不仅规模之大、制度之严远过于前代，而且影响之大也最为突出，特别是还没有产生明清时期过多钳制思想的消极作用。两宋三百多年间，宰执大臣几乎都出自科举背景者。由此可见，宋朝科举出身的文官士大夫在政坛居于绝对统治的地位，成为官员队伍的主体，而门荫出身者与军队武将的影响力微乎其微，由此造就了突出的文治时代特征。如时人所说："今世用人，大率以文词进。大臣文士也，近侍之臣文士也，钱谷之司文士也，边防大帅文士也。"[1]既然宋朝实现了"学而优则仕"的理想，文官们大都来自读书人，他们有足够的文化知识，懂得儒学的道德价值观，又熟悉"苛政猛于虎"的道理，出口成章的是"修身，齐家，治国，平天下"的抱负，耳濡目染的是"富贵不能淫，贫贱不能移"的理念，那么是否就皆以改良社会为己任，并把持住自己的良知底线呢？

在宋代历史上，确也看到一些仁人志士的奋发有为活动，著名者如范仲淹、王安石、李纲、文天祥及陆秀夫等人的忧国忧民之举，便令人肃然起敬。范仲淹"先天下之

1　《蔡襄集》卷二二《国论要目》，第384页。

忧而忧，后天下之乐而乐"的情怀不知打动了多少正直的
士人，而他另外一句"公罪不可无，私罪不可有"的话，
更就做官提出了基本准则：为官者不能因私废公，亦不可
惧怕承担责任。宋代思想家张载还总结了"为天地立心，
为生民立命，为往圣继绝学，为万世开太平"的话，更提
出了终极的追求目标。可说到底，"先天下之忧而忧，后
天下之乐而乐"是一种理想境界，非常人所能做到。

　　实际的情况是，宋代多数学子把"学而优则仕"看作
改善个人命运的堂而皇之的旗号，将读书、科考视为做官
的敲门砖。在国势大体处于常态的情况下，他们入仕后一
方面做着分内的事，一方面期盼着自己仕途的发达，当理
想追求与现实利益发生冲突时，他们不免更多选择后者。
像历仕宋太宗、真宗两朝宰相的吕蒙正，早年有过清寒求
学的经历，当他顶着状元桂冠步入政坛后，孜孜以求的是
个人的前程，因此往往不敢承担改革风险。正因为如此，
他为政尚可守正，三入相位却终无多少建树。倒是在生活
上，他讲求奢侈。吕蒙正有个喜食鸡舌汤的嗜好，每日必
餐。一天，他游自家的后花园，看到墙边耸立一座山包，
便不解地问随从怎么回事，仆从回答：此是相公吃鸡剩下
的鸡毛。他大感意外道：我吃的鸡乃有几何？怎么能堆积
如此之大？仆从再答道：一只鸡仅一尾舌，相公一顿汤需
用多少尾舌？食鸡舌汤又已多久？北宋中叶的宋庠、宋祁
兄弟也是贫寒出身，早年在州学读书时生活相当艰难。之
后两人同年科举入仕，分别做到宰相和翰林学士。哥俩政

绩上成就不大，生活上还是有别，大宋注意分寸，小宋却奢侈放纵。一次上元节夜里，大宋又听说小宋点着华灯拥着歌妓排场豪饮，次日就派人带话过去：相公寄语学士，闻听昨夜烧灯夜宴，穷极奢侈，不知是否还记得从前上元夜一起在州学吃粗饭的事？小宋听罢，笑着让来人带话回去说：也寄语相公，不知当年吃粗饭是为的什么？真是毫不掩饰，在他看来苦读书的目的只是为了享受富贵而已。志向不够远大，满足于享乐，这倒也罢了，吕蒙正、宋祁花的毕竟是自己的俸禄钱。他们还爱惜名誉，没有胡作非为，没有触及官场的底线。这样的官员人数众多，不甘平庸或安分守己者做点力所能及的事，等而下之者则碌碌无为，"做一天和尚，撞一天钟"。

　　而有些人一旦进入官场，就只顾及自己的利禄地位。宋人揭露："爵禄在上，下皆趋而争之，故名曰'奔竞'。"说的便是当年跑官、要官的"奔竞"风气，熏染了不少的官员。他们随波逐流，争权夺利，甚至为所欲为，不仅将学习多年的"修齐治平"的理念抛到脑后，更连为人的良知、官场的底线也敢突破。像丁谓本是享誉一时的才子，科举做官后却将聪明才智用于投机钻营，一味迎合帝王。宋真宗想搞浩大的"天书"祥瑞活动，需要足够的财力支持，就询问国库的底子。丁谓是负责中央财政的三司使，明知此举劳民伤财，但为了赢得天子的欢心，便报告国库充裕有余，宋真宗这才安心拍板。随之在东封泰山、西祀汾阴之类的活动中，丁谓卖力地调度安排经费与物资。之后，宋真宗想在京城内修建一所感应上天的场所——玉清昭应宫，既担心遭到反对，又怕落得恶名，于是召见体己的丁谓。丁谓出谋道：陛下拥有天下，修一座保佑苍生的宫观又有何妨？陛下无子，谁敢反对营建祈祷降生皇子的场所！果然，无人敢提出异议。丁谓负责工程，一再修改设计方案，不断扩大规模，又督促工匠日夜施工，将原定十五年的工期提前到七年完工，建成内含两千六百一十区的巍峨宫观。做这些伤害民生的事时，他早已将背诵过的儒家"仁政"理念抛到九霄云外，也丧失了做人的良心。

更有甚者，则是那些败坏国家根本利益的官僚。北宋末年的宰相蔡京，论学问知识，论书法造诣，都是绝对的上乘水平。可此人罔顾国家利益，带头迎合昏君宋徽宗好大喜功、穷奢极欲的需要，肆意破坏秩序政纲，以朝廷的名义巧取豪夺，致使民怨沸腾，官场的底线彻底穿崩。蔡京四度当政，贪恋权位，毫不在意外界观感，即使"目昏眊不能视事"，也不知退位。当他一度失宠时，竟不顾起码的体面向宦官哭诉求情。于是上行下效，一时之间吏治为之败坏，以权谋私、卖官鬻爵、贪污索贿的现象比比皆是，官场中的大多数人已麻木不仁，见怪不怪，终于导致王朝陷入巨大的灾难之中，即使没有被随后的金军灭亡，也会被起义的民众所葬送。还要说说蔡京家的奢靡生活，仅厨子分工之细，就令人叹为观止。宋人笔记《鹤林玉露》记载，有位士人买一小妾，原是蔡京府中厨娘。某日，士人令此妾做包子，对方回答说不会做，士人质问既是厨子为何不会？对方再答称自己只是包子厨内专门切葱丝的。

南宋时期，权相秦桧为了揽权固宠、把持朝政，遂迎合宋高宗急于求和的心理，不惜冤杀抗金英雄岳飞父子，自毁长城。秦桧专权后，肆意迫害异己，任用亲族党羽。于是，大批官员们自觉不自觉都纷纷投奔其门下，秦桧竟安然接受阿谀奉承自己的"元圣"称号，岂不知这已严重败坏了儒学中为人臣礼的规矩，也不无接踵前代权臣犯上之嫌。此后在宋宁宗、理宗朝长期专权的史弥远，其作威作福更甚于秦桧，甚至敢于擅立皇嗣。秦桧、史弥远都有读书科举出身的背景，所学知识不为国家所用，反倒成为弄权的资本，其生活之糜烂更不用说。至于南宋末年外戚出身的贾似道，虽绝对属于不学无术之辈，却因手握重权成为上下巴结的对象，寡廉鲜耻的官员们每见他必称"周公"，连度宗小皇帝也无奈地呼其为"师臣"。至此，官场完全化为黑暗的牢笼，网罗了大批无聊奸猾之徒，一同浑然不觉地沉沦，彼此拉扯着走向毁灭。这当然已属末世之相，姑且不论。然而值得注意的是，贾似道为了避免非议，"务以权术驾驭，不爱官爵，牢笼一时名士，又加太学餐钱，宽科场恩例，以小利啖之。由是言路断绝，威福肆行"。[1]由此可见，众多的士大夫、太学生，包括某些所

1　《宋史》卷四七四《奸臣传》，第 13784 页。

谓名士，为了一己之利，甚至小恩小惠，不惜丧失人格名节，或歌功颂德，或追随之祸国殃民，实在令人痛心。要不是南宋亡国前出了文天祥、陆秀夫等一批爱国志士，当时的读书人就一无可取了。

宋朝官员晋升的主要规则与积弊

宋朝三百余年间，对官员设置的各项晋升制度，可谓周全严密，由此满足了常态下大多数官员的升迁诉求，保障了政务的正常运行。但与此同时，这些规章在执行过程中又存在很多积弊，进而催生了潜规则的流行，特别是在统治秩序败坏的时期，更呈现愈演愈烈的态势，从而对官场带来严重的消极影响。

宋代官制内容与程序之繁复，大概是历史上最突出的，涉及官员晋升的环节就包括：考课、磨勘、改官、荐举、叙迁、差遣及除授等。而每项规制又有相应的一套流程，如在唐代基础上修订的《长定格》《循资格》以及考课法、改官法、荐举法、磨勘法等。[1]若对此细加考察的话，不难发现这些规则利弊兼有，即一方面，为官员划定出升迁的步骤和路线图，具有共同遵循的原则意义，以力图规避人为随意性带来的不公；另一方面，在实施中不免产生拘泥烦琐条规的现象，并且存在日趋僵化的趋势。其中的考课制度，主要考核官员的任职年限与业绩情况。如低级文官一般有三任六考或两任四考，每任通常三年左右。考核的内容包括：履历出身、业绩、过失、请假等事项，以及所在机构长官批写的评语意见。接下来的磨勘制度，是对完成任期和考课的官员，再勘验其档案文书是否齐备及真伪，并审核业绩与推荐意见等情况，以决定其能否迁转。随后的改官制度，是对通过磨勘的低级官员，依据规定改换官秩，一般给予晋升京官序列的待遇，少数人还可直接改为更高的朝官。[2]无法通过磨勘、改官者，则只有依据"循资"原则在幕职州县的七级阶官中逐级升迁，往往终老于下僚之位。[3]

在循资、磨勘、改官等环节上，都必须有上级官员（举主）推荐，此即荐举制度。每位举主要承担荐举失察之责，推荐的人数也有限定，如宋真宗朝规定：中书省、

---

1 《宋史》卷一五八至卷一六〇《选举志四》《选举志五》《选举志六》，第3693—3766页。并参见邓小南《宋代文官选任制度诸层面》，河北教育出版社，1993，第1—245页。

2 《宋史》卷一五八《选举志四》，第3693—3718页。

3 《宋史》卷一六九《职官志九》，第4040—4042页。

门下省五品以上朝臣每人每年可荐举五人，其他朝官可推荐三人。事实上，此项要求越来越严，如州县的幕职官通常要有五位举主推荐，其中必须包括州级长官或监司官员的保荐。[1] 因而，要找到符合规定的举主人数，实非易事。宋人即说，选任县令须有三人推荐，县令任满无过失，又要荐者五人以上，方能转京官。"盖县令者，已经两次荐举，共享举者八人"，[2] 要求不可谓不严。要特别指出的是，进士出身者通常能获得优待，尤其是进士科中的佼佼者享有特殊礼遇，可以获得更快的晋升机会。以上诸项制度，同样适用于普通京朝官的晋升过程。到中级以上的朝官，规则开始有所不同，如中书舍人以上高官不必磨勘；地方的路与州级长官不用离任赴京，可就地参加磨勘。而这些繁复的晋升规则还只停留在阶官方面，解决的主要是级别地位与俸禄待遇的问题，与职权并不挂钩。

宋朝沿袭以往旧制，实行阶官与差遣分离的规则，原本中央与地方机构中的大量官职，如果没有委派职事，便成为阶官，又称寄禄官。史称："诸司互以他官领之，虽有正官，非别受诏亦不领本司之务。"[3] 而各机构中实际的职权，则由受到专门委派的官员负责，此即差遣制度。随着阶官人数的日益膨胀，各机构中的实职难以应对，员多与阙少的矛盾相当突出，造成几个甚至更多官员等候一个

1　徐松辑《宋会要辑稿》选举二七之1、12、16、17，第5767—5777页。
2　郑獬：《郧溪集》卷一二《论县令改官状》，《宋集珍本丛刊》第15册，第110页。
3　《宋史》卷一六九《职官志九》，第4029页。

"官阙"的局面，如一州或一县出现长官缺位，具备资格的人选可能有十位以上。因此，能否差遣到实职官位就显得至关重要，而差遣制也就最为官场所看重。北宋前期，负责一般官员差遣任命（除授）的机构有多个，宋神宗朝改革后，都划归吏部，即"吏部四选"，其任命被称为"差除"。但中上级官员的任免权归宰相负责的中书，称为"堂除"。至于高级、核心臣僚的任免，裁断权掌握在帝王手里，即"特旨除授"。[1] 依照规则，差遣任命的原则仍然是以资历与业绩为主。

以上述为主的宋朝官员晋升规章条例，看起来颇为全面、严密，体现出循序渐进的原则，满足了大多数官员期待公平的愿望，符合宋朝一贯求稳的秩序原则。但在执行过程中往往暴露出流于形式的问题，如考课制度重在考察履历所反映的年限资历，磨勘制度同样以审核档案文书是否齐备为主，业绩方面的内容倒常常被忽视，因此普通官员但凡没有显著罪过，大都能通过年限资历获得阶官上的提升。[2] 即如宋人所说："限年而校功，循阶而进秩。"[3] 于是，"论资排辈"实际上左右了官员的晋升结果，既导致了人才的积压，也造成大量庸官存在，所谓"不问其功而问其

1　参见苗书梅《宋代官员选任和管理制度》，河南大学出版社，1996，第 137—145 页。

2　叶梦得：《石林燕语》卷三，宇文绍奕考异，侯忠义点校，中华书局，1984，第 46 页。

3　苏颂：《苏魏公文集》卷三四《承制以上磨勘词》，王同策等点校，中华书局，1988，第 505 页。

久"，"官以资则庸人并进"。[1] 与此同时，刻板的制度时常
被主管机构的官吏利用，成为索贿敛财的工具。如宋高宗
时，官员在申请改官时经常遭到主管人员的刁难，材料稍
有瑕疵，便被退回。于是，以行贿方式通关的现象已司空
见惯。据时人反映，改官者没有五百贯打点，纵然有五份
荐举书，也不能通过，故士人都说："无五百千，莫近临
安。"一些无钱疏通的孤寒之士，只得不顾廉耻地向权贵
献媚，以求取推荐，否则就落得"终身为选人，老死不
得改官"[2] 的结局。事实上，手握大权的官员还可以曲解条
规，特别是在差遣程序上干涉主管机关行使职权。如北宋
中后期，宰相常常不顾吏部的职责，随意扩大"堂除"的
范围，甚至干预某些下级官阙的任命。正因为如此，宰臣
吕夷简在任期间，"进用者多出其门"的问题，曾遭到范
仲淹的激烈抨击。[3] 宋哲宗时，元老大臣文彦博、宰相吕
公著以及吕大防等人的亲属子弟，都破例得到升迁，被言
官批评为"排斥孤寒，专引亲戚"。[4] 因而，各种晋升制度
只适用于常态下对普通官员的约束，但无法阻挡潜规则的
干扰。

---

1 《李觏集》卷二二《精课》，王国轩点校，中华书局，2011，第239页；卷一《长
   江赋》，第2页。

2 黄淮、杨士奇编《历代名臣奏议》卷四九《治道》"胡铨上言"，上海古籍出版
   社，1989，第665页。

3 《宋史》卷三一四《范仲淹传》，第10269页；卷三一一《吕夷简传》，第
   10210页。

4 李焘：《续资治通鉴长编》卷四一三，元祐三年八月辛丑，第10046页。

宋朝末年，秩序混乱，公开的晋升规制更是受到各种潜规则的肆意冲击，加剧了官场积弊的危害程度。如徽宗时期，长期当权的蔡京敢于随意操弄官爵，其家族满门占据要津不说，凡有关联的人也可获得重用。据宋人笔记记载，蔡京之弟蔡卞为某位州学教授说情，蔡京当即答应提拔其为提学。蔡卞又称此人家贫，非到待遇优厚之处不可，蔡京便提笔补上"河北西路"几个字。福建路转运判官、直龙图阁郑可简给蔡府献上新茶，蔡京随手书写"秘撰运副"的批示，交代有关部门办理。[1] 还有随后的宰相王黼，其 14 岁的儿子竟能获得待制的职衔，被讥讽为"胡孙待制"。[2] 而南宋某些时期更是权臣当道，加深了选拔制度的积弊，如秦桧除了重用亲朋故旧之外，还对逢迎追随者破格提拔，时人即指出："士大夫一言合意，立取显美，至以选阶一二年为执政，人怀速化之望。"[3]

1 洪迈：《容斋随笔·三笔》卷一五《蔡京除吏》，第 603 页。
2 陆游：《老学庵笔记》卷一〇，李剑雄、刘德权点校，中华书局，1979，第 132 页。
3 岳珂：《桯史》卷七《朝士留刺》，吴企明点校，中华书局，1981，第 84 页。

"平戎万全阵"与宋太宗

———————————————

　　宋朝盛行皇帝赐阵图的现象，诸多论著中都有提及，但其产生的具体过程与成效等问题，鲜见专门探究。[1]近读宋代有关文献，特别是《武经总要》，发现宋朝阵法与阵图之间的关系为前人所忽略。在宋代众多阵法、阵图之中，宋太宗创制的"平戎万全阵"尤其重要，对此加以考察，于深入研究相关问题很有意义。

　　"平戎万全阵"为宋太宗在位期间御制的一套作战阵法，取名为"平戎万全"，可见被其视为得意之作，寄托全能应对边患之意。这

———————————————

1　吴晗：《阵图与宋辽战争》，《新建设》1959 年第 4 期。该文仅为简介性短文，对宋朝阵法、阵图问题并没有深入论述。

一阵法出台后，曾在军队与边防中付诸实施。北宋官修《武经总要》盛赞道："所以挫驰突之锐，明坚重之威，循明摘实，知神谋之有在矣。"[1] 那么，"平戎万全阵"究竟是一种怎样的阵法呢？

"平戎万全阵"为宋太宗朝最重要的阵法，在宋代文献史料中多被提及，但因当时属于军事机密，很少有史料翔实记载其具体内容。现据《武经总要》前集卷七的文图记载，解析如下。

"平戎万全阵"由前锋、殿后、中军、左翼及右翼组成。其主力为中军，由并排 3 个方阵组成，各以一名大将统领；每阵各方 5 里，周长 20 里，计 7200 步；3 阵之间皆相隔 1 里，阵面共宽达 17 里；在中军内 3 个方阵中，每 500 步设战车一乘，每车配备"地分兵"22 人；[2] 每阵战

1　曾公亮：《武经总要》前集卷七《本朝平戎万全阵法》，《中国兵书集成》第 3 册，解放军出版社、辽沈书社，1987，第 282 页。

2　中华书局 1959 年影印明正德年间刊本、辽沈书社与解放军出版社 1987 年影印明万历金陵书林刊本《中国兵书集成》、四库全书本《武经总要》前集卷七原文皆记载为："每五百步为一地分，每一地分用战车一乘、兵士二十二人。"考诸实情，"每五百步为一地分"之语显然有误。按：依据原文所述，其一，中军中每个方阵周长 20 里，计 7200 步，其占地面积应为 25 平方里，折合 3240000 平方步。每阵共有"地分"士兵 31680 人，每地分设置士兵 22 人。那么用 31680 除以 22 恰好等于 1440，这一结果与原记载每阵有 1440 地分相吻合；其二，按照每阵总面积 25 平方里折合 3240000 平方步，每阵有 1440 地分计算，则每地分面积约相当于 0.01736 平方里，即折合 2250 平方步。这样每地分只可能为边长约为 47.4 步的正方形，其周长约为 190 步。因此，原文"每五百步为一地分"，无论是按照周长或是每边长计算，都是不可能的，完全无法设置 1440 乘车及相关士兵。如果按近似值考虑，每地分应该为各方 50 步。故，原文"五百步"当为五十步之误。此为无实际带兵经验的北宋文人编撰时的失误，以后以讹传讹，沿用至今。

车计 1440 乘，每阵另配有"无地分兵"5000 人。合计中军三阵共配备车 4320 乘，士卒 110040 人。中军每阵除拥有战车外，士兵分别配备有拒马、长枪、床子弩（大型连发弩机）、步弩、步弓、刀剑、盾牌等武器装备。此外，每阵还有"望楼车"（可移动的瞭望楼）8 座，每楼有"望子"士兵 80 人。左右翼军阵各两列，前列 125 队，每队 50 骑，共 6250 骑。后列 125 队，每队 30 骑，共 3750 骑。即左右翼每阵 1 万骑，两阵共计 2 万骑，另有探马 650 骑。前后军阵亦各两列骑兵，前列 62 队，每队 50 骑，共 3100 骑。后列 62 队，每队 30 骑，共 1860 骑，另有探马 40 骑。前后阵各 5000 骑，共计 1 万骑。左、右、前、后军阵全部由骑兵组成，包括轻骑兵和使用骑枪、骨朵及团牌等装备的骑兵。

"平戎万全阵"共投入兵力 14 万余人，在所布置的五个军阵中，其主力无疑为超过 11 万人的中军阵。需要指出的是，中军阵所拥有的战车与先秦车战之战车应完全不同，并无冲锋攻击的作用。《武经总要》描述车在战争中的用途时称："车战三代用之，秦汉而下浸以骑兵为便，故车制湮灭。"以后，西晋马隆及唐代马燧在作战时使用过车具，但主要以配备鹿角之类器械的车发挥阻击功效，另外还可载运兵甲。至宋真宗即位初，有人献战车之计，也大致是用车体为掩护战具，在平原上防御敌人骑兵冲击。"此数者皆谓以车为卫，则非三代驰车击战之法，然自足以御敌制胜也。"[1]"平戎万全阵"中的战车，同样配有拒马等装备，实与马隆、马燧所用之车功能相类，主要承担防御功效。因此，中军阵以步兵为主体。而前、后、左、右四阵由骑兵组成，总数仅有 3 万骑，显然为中军之辅助力量，主要承担警戒和掩护任务。

根据以上部署情况，可见"平戎万全阵"明显是以步兵为主的阵法，体现以步制骑的战术意图。从该阵法布局上看，步、骑、车排列整齐有序，气势可谓壮观，但就实战角度而言不能不说存在巨大的缺陷。首先，若按其阵图部署，方阵总宽度达 20 里之遥，这就势必对地形提出苛刻的要求，唯有在宽大平坦且无障碍的地带才能使用；其次，阵形庞大沉重，既设前锋、殿后、中军、左翼、右翼五个方阵，中军之内又再设三个车营，实有重复之累，很难快速布阵，实际操作性不强，甚至会出现未及列阵已遭敌袭的情况；再次，缺乏机动性，不利于调度和灵活应变，一旦侧翼或后部被对手攻破，全阵都将陷于混乱；最后，这种阵法的本质是防御性的，是摆出全面防守的态势以应对敌军的进攻，如果当敌军撤退时，只有前锋和左右翼部分骑兵能够追击，以步兵为主力的中军则无法迅速反应，不具备进行运动战的能力。因此，这种静止状态下壮观的阵法，其实被动呆板，既不能"平戎"，事实上也无法发挥"万全"之效。

---

1 《武经总要》前集卷四《用车》，第 140 页。

北宋前期辽朝军队以骑兵为主，用兵战略、战术极为灵活，攻防完全视形势变化而定，并不拘泥于阵法套路。辽军在与宋军交战时，首先"料其阵势大小，山川形势，往回道路，救援捷径，漕运所出，各有以制之。然后于阵四面列骑为队，每队五七百人，十队为一道，十道挡一面"，随后轮番发起进攻。当敌军阵无法突破时，"亦不力战"。对峙二三日待对手饥疲，再乘机攻击。[1] 宋人也发现："其用军之术，成列而不战，俟退而乘之。多伏兵，断粮道……退败无耻，散而复聚，寒而益坚。此其所长也。"[2] 总之，辽军充分发挥自身骑兵的特点，在对宋作战中充分运用机动灵活、长途奔袭的战术，不拘战法，进退自如。辽军这种作战的方式和战术，恰恰使"平戎万全阵"难以应对。

宋代史籍中，除臣子歌颂"平戎万全阵"的几句空话外，未见有其成效的记载，相关战例也透露出宋太宗御赐阵法无法用以实战的事实。如太平兴国四年（979）十月，就在第一次北伐幽州大败后不久，辽军发动南攻，宋辽双方主力在满城对阵。宋太宗预先"赐阵图，分为八阵，俾以从事"，宋军按图布阵，各阵之间空隙颇大，"阵去各百步，士众疑惧，略无斗志"。此可视为"平戎万全阵"之前身。将领赵延进认为"我师星布，其势悬绝"，主张改

1　《辽史》卷三四《兵卫志上》，中华书局，2016，第453页。
2　李焘：《续资治通鉴长编》卷二七，雍熙三年正月戊寅，第606页。

变阵形，“合而击之”。[1] 主帅崔翰不敢擅自改变皇帝旨意，后在赵延进等人主动承担责任的情况下，才将军队改为前后二阵，“前后相副”，集中兵力出击，大获全胜。[2] 满城大捷是将帅临阵灵活应变的结果，恰证明了宋太宗所授教条化阵法、阵图的愚蠢和失败。

在中外古代军事史上，虽然都十分重视布阵，如孙膑认为，统军之将必须“上知天之道，下知地之理，内得其民之心，外知敌之情，阵则知八阵之经”。然而，高明的指挥者都清醒地知道，任何阵法都必须适应战场的形势及变化，绝不能死守陈规，更不能成为束缚手脚的枷锁。孙膑又指出：“易则多其车，险则多其骑，厄则多其弩。”[3] 即指在战车、骑兵与步兵混合军阵出动后，如地形平坦，便可多布战车，以充分发挥其冲击功效；如地形崎岖多变，则应出动更多的骑兵，以借助其机动快速的特点打击对手；而在遭遇阻击、围困之际，便须以持弩步兵阵为主，以发挥弓弩杀伤力强的作用，强调军队的机动灵活性。

因此，预先规划的阵图只能作为一般性的布阵原则或练兵的范式，而不能成为左右战场的准则。帝王应当深谙“将能而君不御者胜”的道理，[4] 赋予指挥者临阵用兵、布

1　《宋史》卷二七一《赵延进传》，第 9300 页。

2　李焘：《续资治通鉴长编》卷二〇，太平兴国四年十月庚午，第 462—463 页；《辽史》卷七四《韩匡嗣传》，第 1360 页。

3　张震泽：《孙膑兵法校理》上编《八阵》，中华书局，1984，第 65 页。

4　孙武撰，曹操等注，杨丙安校理《十一家注孙子校理》卷上《谋攻篇》，中华书局，2012，第 77 页。

阵之权，对前线将帅的行动不加干预，更不应以御赐阵法及阵图遥控作战。名将岳飞认为："阵而后战，兵法之常，运用之妙，存乎一心。"[1]宋神宗也承认，预设阵图不可取，"果如其说，则两敌相遇，必须遣使豫约战日，择宽平之地，夷阜塞壑，诛草伐木，如射圃教场，方可尽其法尔。以理推之，其不可用决矣"。[2]

但是，宋太宗在位期间，不仅亲自制作"平戎万全阵"等阵法，而且常常御赐阵图以支配将帅，严重违背了用兵的基本原则，使指挥者既不敢根据战场形势对御制方案做出必要的调整，更不能发挥主动作战的积极性，唯有被动应付。所以，宋太宗朝中后期北部边防长期陷于困境遂在所难免，"及乎贼众南驰，长驱深入，咸婴城自固，莫敢出战。是汉家郡县，据坚壁，囚天兵，待敌寇之至也。所以犬羊丑类，莞然自得"。[3]宋真宗即位后，一位地方官便上书沉痛地指出："阃外之事，将军裁之，所以克敌而致胜也。近代动相牵制，不许便宜，兵以奇胜而节制以阵图，事惟变适而指踪以宣命，勇敢无所奋，知谋无所施，是以动而奔北也。"[4]

宋太宗惯用阵图指挥前线作战，特别是推出"平戎万全阵"投入御辽战场，不仅没有成效，反而暴露出诸多问

1　《宋史》卷三六五《岳飞传》，第 11736 页。

2　《宋史》卷一九五《兵志九》，第 4866 页。

3　李焘：《续资治通鉴长编》卷三〇，端拱二年正月癸巳，第 667 页。

4　李焘：《续资治通鉴长编》卷四四，咸平二年闰三月庚寅，第 937 页。

题。他为何在前线坚持实施，并使之成为一时影响甚大的作战阵法？这与宋太宗本人及当时边防战略的转变有密切的关系。

赵匡胤建立宋朝后，致力于包括收复幽云地区在内的统一事业。从有关当时各方面的文献记载看，宋太祖在将帅出征前虽有指示，但对于实际的用兵过程则一般不予干预。通观宋太祖朝的战事活动，没有一次御赐阵法、阵图的记录。如曹彬率军出征南唐时，宋太祖不仅赋予指挥大权，而且特赐尚方宝剑，"副将以下，不用命者斩之"。[1]在征讨荆湖之役中，宋太祖心腹李处耘以枢密副使身份为都监，后因执行军纪与主帅慕容延钊发生矛盾，宋太祖为维护统帅权威，不得不将李处耘贬谪。[2]而在河北、河东前线带兵的将领更拥有极大的自主权，"凡军中事皆得便宜"。[3]可见，宋太祖大致遵循了"将能而君不御者胜"的原则，并不热衷御赐阵法、阵图。《武经总要》前集卷七专门记录宋朝所制阵法，唯独没有宋太祖朝的阵法，作者这样解释："恭惟艺祖皇帝以武德绥靖天下，于古兵法靡不该通。"此当为其不拘泥阵法的佐证。

有观点认为宋太宗通过篡位称帝，[4]因此对臣下刻意防

1　李焘：《续资治通鉴长编》卷一五，开宝七年十月丙戌，第324页。

2　《宋史》卷二五七《李处耘传》，第8962页。

3　《宋史》卷二七三"论曰"，第9347页。

4　参见邓广铭《宋太祖太宗皇位授受问题辨析》，《邓广铭治史丛稿》，第475—503页。

范，军事将领又是其猜忌的主要对象。他登基初宣示"事为之防，曲为之制"的原则，[1]也是更多针对握兵的武将群体。同时，宋太宗选拔武臣的最主要标准，即在于循规顺从，所谓"朕选擢将校，先取其循谨能御下者，武勇次之"。[2]也就是说，对武将重服从，轻果敢。清初学者王船山针对当时形势敏锐地指出："宋所忌者，宣力之武臣耳，非偷生邀宠之文士也。"[3]太平兴国四年北伐幽州期间，发生了部分将领拥戴宋太祖之子的事件，对宋太宗刺激尤大。[4]从此，宋太宗进一步强化了抑制武将的决心和措施力度，实施"将从中御"之法，即对在外统军的将帅加以严厉约束，并遥控军事行动。[5]而实施"将从中御"的具体手段主要包括以监军牵制主帅、使用阵图控制将帅以及派出走马承受公事随时汇报军情等。其中预设阵法、阵图便是达到钳制将领的一项重要举措，所谓"图阵形，规庙胜，尽授纪律，遥制便宜，主帅遵行，贵臣督视"。[6]唯其如此，将帅因无权变更计划，便难以擅自行动，更无力调动军队图谋不轨。

1　李焘：《续资治通鉴长编》卷一七，开宝九年十月乙卯，第 382 页。

2　李焘：《续资治通鉴长编》卷二五，雍熙元年二月壬午，第 573 页。

3　王夫之：《宋论》卷二《太宗》，第 37 页。

4　李焘：《续资治通鉴长编》卷二〇，太平兴国四年八月甲戌，第 460 页。

5　王曾瑜先生对此已有深入论述，参见《宋朝军制初探》（增订本），第 522—526 页。

6　杨亿：《武夷新集》卷一〇《李继隆墓志铭》，《宋集珍本丛刊》第 2 册，第 288—289 页。

宋太宗究竟于何时开始创设阵法、阵图，没有明确记载，文献中正式记录御赐阵法、阵图之举则始于太平兴国四年（979）十月，即第一次北伐幽州大败后不久。如前所述，在满城之役期间，"上以阵图授诸将，俾分为八阵"。"平戎万全阵"正式出台的时间是雍熙四年（987）五月，也就是第二次对辽北伐失败的次年，史称"出御制平戎万全阵图，召（潘）美、（田）重进及崔翰等，亲授以进退攻击之略"。[1]这并非偶然或巧合，实与当时的战略意图有关系。

考究宋太宗朝边防战略的演化过程，不难发现最初承袭了宋朝开国时确立的"先南后北"方略，即先扫平南方诸势力，再北伐契丹，收复燕云地区，最终据守长城，掌握攻防主动权，以达到昔日汉唐王朝国防鼎盛的目标。因此，宋太宗登基后，利用江南残余政权纳土的机会，开始着手主动北进战略。太平兴国四年五月，当北汉被剿灭之际，宋太宗临时决定扩大战果，希望挟胜利之余威展开伐辽战争，然而第一次幽州战役以失利告终。宋太宗一方面调整战略，暂时采取守势，另一方面汲取部分将领试图拥戴宋太祖之子的教训，遂通过御赐阵法、阵图之举约束统军将帅，执行当时的防御任务。值得注意的是，此时宋太宗仍未放弃收复燕云的主动进攻战略，继续筹划各方面准备工作。雍熙三年五月，第二次北伐惨败。同年年底辽军

1　李焘：《续资治通鉴长编》卷二八，雍熙四年五月庚寅，第638页。

南下，宋军又在君子馆被歼数万，于是宋军彻底终止北进的行动。雍熙四年四月及之后，宋太宗先后下诏令文臣武将献安边策，反对主动北伐的意见成为主政者的一致主张。因此，宋廷开始完全转变边防战略，从主动进攻转为全面防御，由此形成"守内虚外"方略。正是在此背景下，体现全面防守内容和主旨的"平戎万全阵"产生，被推行于御北边防体系之中，自在情理之中。

综上，可以看出随着宋廷两次北伐的失败，其军队任务的重点转向内部，对将帅的钳制也成为恪守不渝的家法之一，[1]授御制阵图遂成为执行新战略和控制将帅的重要手段，以"平戎万全阵"为代表的防御性阵法应运而生，即使因此造成边防被动失利的后果也在所不惜。宋太宗运筹于深宫中，授阵图于千里外，剥夺将帅临阵处置的决断权，完全违背指挥作战的基本原则，其危害在当时已经引起有识之士的批评。朝臣田锡上奏："今委任将帅，而每事欲从中降诏，授以方略，或赐以阵图，依从则有未合宜，专断则是违上旨，以此制胜未见其长。"因此要求"既得将帅，请委任责成，不必降以阵图，不须授之方略，自然因机设变，观衅制宜，无不成功，无不破敌矣"。[2]然而宋太宗对此不予理睬，曾对心腹大将傅潜说："布阵乃兵家大法，非常情所究，小人有轻议者，甚非所宜。"[3]还

1　　参见陈峰《北宋武将群体与相关问题研究》（增订本），第276—282页。
2　　李焘：《续资治通鉴长编》卷三〇，端拱二年正月癸巳，第675页。
3　　李焘：《续资治通鉴长编》卷四〇，至道二年九月乙卯。第852页。

为自己辩护："外忧不过边事，皆可预防。惟奸邪无状，若为内患，深可惧也。帝王用心，常须谨此。"[1]

宋太宗御授"平戎万全阵"的做法，确实损害了军队的战斗力，同时造成军事将领唯命是从、无所作为的后果。如王安石对宋神宗所说："又太宗为傅潜奏防秋在近，亦未知兵将所在，诏付两卷文字，云兵数尽在其中，候贼如此即开某卷，如彼即开某卷。若御将如此，即惟王超、傅潜乃肯为将，稍有材略，必不肯于此时为将，坐待败衄也。"[2] 尽管如此，肇始于宋太宗朝拘泥阵法、滥授阵图的陋习却为宋朝嗣君所沿袭，产生更为深远的消极影响。宋仁宗朝武将王德用指出，"咸平、景德中，赐诸将阵图，人皆死守战法，缓急不相救，以至于屡败"，并劝谏"诚愿不以阵图赐诸将，使得应变出奇，自立异效"。[3] 大臣晏殊也请求"不以阵图授诸将，使得应敌为攻守"。[4] 都说明其危害长期存在的事实。

1　李焘：《续资治通鉴长编》卷三二，淳化二年八月丁亥，第 719 页。
2　李焘：《续资治通鉴长编》卷二四八，熙宁六年十一月戊午，第 6046 页。
3　《宋史》卷二七八《王德用传》，第 9468—9469 页。
4　《宋史》卷三一一《晏殊传》，第 10196 页。

在底线上下的宋真宗

自古及今，凡做事都要有个底线，也就是起码的规矩，所谓"不以规矩，不成方圆"。在历史上，要保持统治秩序运行，就需要一套规矩，其中的底线是朝野皆知的界限，如果突破就属于乱政。清醒的帝王大多数情况下能够把持，而平庸之主不时会踩破底线，至于昏君、暴君则往往无视底线的存在，恣意妄为。宋朝的真宗皇帝在位长达二十六年，自诩为明君，其实在大多数时间游走于底线上下，就此成为史上同类帝王的典型。

宋真宗在太宗诸子中排行第三，本与皇位无缘，只因长兄发疯被废，次兄暴病死于储君位上，才在数年后意外获得立储的机会，当时他已二十七岁。由此看来，真宗原非理想的继位人选，只是太宗晚年无奈下的选择。换句话说，一直在刚愎自用的父皇阴影下成长起来的真宗，虽然自小受过正统教育，并接受了三年多的皇储培养，但所熟悉的不过是观念化、抽象化的儒家经籍知识，而缺乏残酷复杂的现实历练，这就决定了他魄力不足的性格。

咸平年间（998—1003），是真宗在位的初期，也大致属于其帝王轨迹的见习阶段。从有关史料记载不难发现，他因欠缺政治经验，自信明显不足，大事只能倚重辅臣做主。在此期间，最受信赖的人是东宫师傅出身的宰相李沆，前后辅政近六年时光，直到他病死任上。这便告别了此前君主专断、臣僚陪位的局面，标志着文官士大夫登上了政治舞台的前列。李沆作为已然崛起的科举士人领袖，为政的最大特点是"持重"，也就是为了确保朝政平稳发展，尽可能引导真宗树立规矩意识，远离急功近利的诱惑。据史籍反映，他曾对关系密切的同年、参知政事王旦深谈过自己的远虑：边防形势紧张固然不好，但对君臣倒有警示之效，一旦没了外部压力，恐怕人君就会渐生奢侈之心。故李沆每日都将各地的灾害、盗贼之类消息奏报真宗。王旦认为不必事事烦劳天子，李沆则告诫说，皇帝年轻，应该知晓治国的艰难，否则即便不留意声色犬马，也会热衷土木、兵甲、鬼神之类的事。日后，王旦身居相位才感叹这位前任的先见之明。

正是在李沆等人的监护与鼓励下，真宗认真履行起帝王的职守。据记载，真宗勤于政务，每日早朝都在前殿接受中书、枢密院、三司、开封府、审刑院以及上奏官员的汇报，结束后才用餐。随即又到后殿检阅禁军操练，直至午后方罢。晚上则召见侍读、侍讲学士，继续询问政事，甚至时常至深夜才就寝，表现出一副循规蹈矩的守成样子。对于日益严峻的边患，真宗同样不敢懈怠，经常听取各种奏报、议论，可谓宵衣旰食。咸平二年九月，当辽军大举南侵，宋军接连遭到惨败后，真宗还下诏出京亲征，以示与前线将士同甘共苦。所幸辽军行动的目标有限，不过满足于抢掠子女玉帛，这才让真宗虚惊一场。然而，景德元年（1004）爆发的一场决战，使真宗体验到大厦将倾的感受，几乎失去了九五之尊应有的矜持。

当年秋天，萧太后与辽圣宗亲率二十万铁骑大举南进，一路攻打到黄河北岸，大有入主中原之势。面对如此危局，庙堂上出现意见分歧，多数人希望皇帝南下避祸，以新任宰相寇准为首的少数派则主张抗战，并提议亲征。失去主心骨李沆的辅佐，真宗不免六神无主，内心虽倾向于南下，但又惧怕遭到非议，可以说在恐惧与道义之间犹豫不决。最终他还是顾及皇帝的形象及责任，被迫接受了亲征的建议。接下来的进程可以概括为：辽朝进攻受挫后，释放出议和的信息，真宗遂抓住机会，顾不得君王的颜面以及寇准的异议，付出高昂的经济代价与辽签订"澶渊之盟"，就此化解了北疆的敌对局面。随之，再与党项新首领李德明议和，缓和了西北的边防压力。如此一来，最为严峻、困扰的边患难题暂时化解，真宗的见习期也同时宣告结束。

"澶渊之盟"后，随着外部环境的改善，内部宰辅新旧交替的完成，经过七八年磨炼的宋真宗，已完全熟悉了自己的角色，并掌握了帝王术。不过，李沆曾经忧虑的情形也随之出现，真宗开始释放自我，热衷于各种相关活动，从此其帝王生涯日渐发生变化。

宋代官私史籍都一致告诉后世，原本真宗对达成的议和结果甚感满意，但王钦若利用真宗好面子的弱点，私下献言："澶渊之盟"乃属城下之盟，春秋时小国犹以为耻；寇准将皇帝作为"孤注"，付诸冒险亲征，不过是为个人博取功名的一场赌局。这番话无疑戳到痛处，既令真宗自尊心受损，也使他对寇准产生怨气，就此疏远寇准，接受了王钦若的一套"天书"歪理邪说，沉溺于各种虚幻的神道活动。可见真宗的转变由宠臣王钦若一手促成，而王钦若之所以如此，又缘于他与政敌寇准的宿怨。这种记述仍不脱君子小人之争的传统认识，虽表面上有一定的史实依据，其实骨子里却在为帝王洗脱罪责。纵观真宗的前后变化，不难发现王钦若的说辞是一个节点，也成为一个契机，让真宗找到了转身的借口，可以乘机摆脱大臣的左右，在朝政上实现自己的意愿。于是，真宗来个班子大换血，将好刚使气并自恃有功的寇准打发到地方，换上温和的王旦主持朝堂，再任用善于逢迎的执政大臣王钦若、陈尧叟以及丁谓等一批官僚，营造出唯我独尊的氛围。从此，他开启了自己的转型期。

真宗的转变动机，当然不会告诉臣子们，也不会记录于史官笔下，不过其后的种种行为，多少暴露了他的心迹所在。一方面，当李沆、毕士安先后辞世，寇准离朝之后，继任的王旦缺乏魄力，王钦若、丁谓等一批投机政客但知迎合，这就使真宗摆脱了压力，可以不受传统规则约束；另一方面，真宗在位久了，不免厌烦循规蹈矩的生活，至高无上的皇权也不再神秘，自然对日复一日扮演帝王角色逐渐失去热情。于是，他开始更关注自己的感受与身心满足，常常选择性地遗忘传统的君道守则，这正是专制时代君王常见的轨迹，所谓"靡不有初，鲜克有终"。往昔秦皇、汉武以及唐明皇等帝王，又有哪个不是如此？作为皇帝，世间的权力与享乐早已失去魅力，但凡人生老病死的问题无法回避，真宗与以往一众帝王无异，也不仅期盼能健康长寿，而且幻想长生不老，故道教的养生术、神仙说以及一切神奇的可能，自然最能打动他。这大致就是真宗热衷神道活动的隐秘动机。至于维护赵宋王朝神圣法理、与辽朝争夺正统性，固然亦需要造神运动相助，却只能算是最初的出发点，不可过度解读，否则就难以解释这样的运动为何持续不断并且泛滥。总之，真宗经历了从犹豫不决，到日渐心安理得的过程，一步步越过了规矩界限。这大概属于人性弱点的暴露，意欲从中寻求意外的欢愉，不过是有别于常人而已。

宋真宗到底是受过严格的传统教育，熟读经史，并非不知道以往帝王荒诞行为的危害，特别是劳民伤财造成的后果。在位初期，他也一直努力遵循为君之道，避免非分之想。然而，随着他的转型，欲望终究难以遏制，并战胜了理性，为此甚至不惜让社稷、百姓付出代价。

值得关注的是，在最初接受"天书"策划时，真宗没有像前朝暴君那样专断推行，他还是有些犹豫，需要找理由和支持。他先寻求宰臣王旦的理解，并以重金封口，然后再向儒臣咨询理论依据。据《续资治通鉴长编》记载，某日晚间，真宗在秘阁碰到一位老儒，便问"河出图、洛出书"是否属实。老儒不明其意，便随口答道：此为先圣所造教化百姓的神道之法。[1] 这就解决了理论依据。真宗也考虑过财力负担的问题，曾就此询问掌管财政的三司使丁谓。丁谓早已参与了这场预谋，自然肯定地回答称：朝廷财计充裕有余。真宗这才心安理得，打消了顾虑，启动了"天书"降临的活动。随后，他亲自大举东封西祀，各地官员则不断上奏祥瑞呈现，于是乎举国欢庆，喜迎"祥和盛世"到来。如果说到此为止，多少还能理解其用意——转移国人对"澶渊之盟"屈辱的注意力，但接下来的一切就纯属为一己之私考虑。在京城兴修玉清昭应宫，以便他就近感应上天；在各地大兴土木建造宫观，以祈求

1　李焘：《续资治通鉴长编》卷六七，景德四年十一月庚辰，第 1507 页。

上苍福佑自己。犯规多了，真宗有时不免感到心虚，如筹
建玉清昭应宫时，有官员劝谏，真宗担心留下骂名，就
思忖找个正当理由。丁谓为他出谋划策：陛下拥天下之
富，修一座供奉天帝的宫观又有何妨？况且也可借此祈祷
早生皇子。当时真宗一直未得子嗣，正是一大心病，丁谓
的说辞正中下怀。果然，当王旦密奏规劝时，真宗便以此
相告，王旦竟哑口无言，其他朝臣也不敢再提出异议。于
是，耗费资财就情有可原，算不得无道，真宗用自欺欺人
的方式平复了内心深处的不安。

　　发生在 11 世纪上半叶的这场造神运动，前后持续
了十五年之久，演绎了中国历史上的一段荒诞闹剧。对
此虚妄性，当年不仅局内人大都心知肚明，有时连真宗
自己也觉得过分。如大中祥符年间（1008—1016）的
一天，某宠臣入宫进献新造的天书法物，一时飞过十余
只预先准备好的仙鹤。天书扶侍使丁谓立即上奏称仙鹤
降临，"飞舞良久"。[1] 这种当面的阿谀奉承，意在表示天
帝感应，不承想却露出明显破绽。次日，真宗对丁谓说：
虽然亲眼看到仙鹤，但若说仙鹤在天书上飞舞很久，妙
则虽妙，只是恐怕不实，还是重新修改一下奏文为好。
即使如此，真宗仍旧痴迷至深，直到最终死去。这就值
得深究，真宗既然明了众人帮着造假，却执迷不悟，自
然有其道理。缘由大概主要在于，他不仅通过神道享受

1　李焘：《续资治通鉴长编》卷七〇，大中祥符元年九月庚申，第 1560 页。

顶礼膜拜的满足，冥冥之间似乎还领受到天人相通的感觉，正所谓"假作真时真亦假"，幻象的不断重复常能使人陶醉。特别是到了晚年，长期纵欲的真宗已深受病痛的折磨，甚至时常神志不清，祈福的意愿就更为强烈。明知生命难以超越凡间界域，却总期待奇迹发生，这应该是他沉溺其中无法自拔的根源所在，是否劳民伤财，又是否违规，对他而言已不重要。

真宗在位期间，除了造神和劳民伤财等罪过之外，还因重用逢迎之人及其追随者，导致官场投机之风盛行，从而损害了朝政秩序。当时大批官僚的积极参与，虽各自动机及手法不尽相同，但为了引起君主的注意，以达到邀功请赏的目的，是别无二致的。王钦若、丁谓之流投机政客所为，已无须多言，就连号称刚直的寇准也不能免俗。可以说在这个大势之下，离朝多年的寇准不甘寂寞，为了东山再起，竟无奈地采用迎合的手段，于天禧三年（1019）指使人在终南山伪造"天书"。据说，寇准发现天书的消息传到开封城后，人多不信。有臣僚对真宗说，寇准最不信天书，如今天书降到他的辖区，若让他公开献上天书，则天下百姓必然信服。于是三个月后，遭贬多年的寇准被召入京师，重登相位。寇准此举固然可悲，成为他一生最大的污点，其实也说明彼时官场投机之风盛行，已达到令人难以抗拒的地步。此外，因真宗安于议和现状，忽视边防建设，也为以后边患的加剧埋下祸根。这一点虽然属于宋朝大多数帝王的通病，但仍不得不提及。

　　客观地说，宋真宗的犯规行为，尚未泛滥到更多的领域。他在位期间能保持社会秩序的稳定，政策具有包容性，文教建设得以持续发展，社会经济也没有遭受大的干扰。尤其需要指出的是，真宗在用人上还没完全糊涂，虽提拔投机者满足自己的需要，却注意用正统派掌控庙堂，以防止朝政失去最后的底线。正因如此，持重的王旦始终深受信任，前后任宰臣长达十二年，并且在开始的六年时间里独自为相。之后，同样属于稳健派的向敏中升任为次相，而投机取巧的王钦若等人长期被阻挡在中书之外。直到天禧元年七月王旦病死任上以后，王钦若才有机会从枢密使转任次相。然而不到两年，真宗又将王钦若投闲置散，再度启用寇准接替其职。至天禧四年，向敏中死去，寇准被罢免，枢密使丁谓虽终于登上首相之位，但参知政事李迪、枢密使冯拯先后被委任为次相，用以牵制丁谓。不过，此时的真宗已经病重，时常昏迷不醒，即将走向生命的尽头。

　　在古代世界，帝王是天下的主宰，一举一动关乎万众的安危，这就决定了其好恶已非纯粹个人的事情。真宗还不至于忘却一切规矩，他做事有所顾忌，尚不敢像以往历代暴君那样，以九五之尊震慑天下，为所欲为。他在维护赵宋社稷利益与个人欲望之间，一直试图寻求平衡，但最终的结果是在摇摆中踩破了底线，就此难逃庸主的帝位轨迹。后世对他的批评主要集中在虚妄的造神运动上，如元代史家在修《宋史》时所总结："真宗英晤之主。"但屡造天书、祥瑞，有封禅之举，"一国君臣如病狂然，吁，可怪也"。[1]其实因此引起的后果不止于此，其害流播亦甚远，如后世嗣君徽宗继之效仿，也就不足为怪！

1　《宋史》卷八《真宗纪三》，第172页。

宋仁宗"仁孝宽裕"下的朝政

宋初开国时代，太祖、太宗两朝致力于终结五代乱世，重建中央集权统治。为此，一方面持续拨乱反正，创制立规，以恢复秩序；另一方面先后出兵南征北讨，以统一四方。宋朝因此走出此前五代循环往复的历史覆辙，也奠定了赵宋的江山基业。宋初两代皇帝虽眼光、气度有别，但皆历经过乱世和错综复杂的斗争，故拥有丰富的政治经验，具有驾驭群臣的能力，其中太宗又多独断，因此朝政深受二帝的强势影响。宋真宗时期，宋廷转入守成时代，统治日趋稳固且制度愈益成熟，文官士大夫也已崛起并开始主政。故与宋初两朝相比，宋真宗多依赖大臣辅佐，以应对内外挑战，朝堂之风遂与以往发生了变化。至宋仁宗即位后，士大夫在国家政治生活中的位置愈益凸显，从而呈现出显著的文官政治格局。宋代这种政治上的演变，固然涉及多重因素，但前后帝王在特性上的差异及其影响，亦为不容忽视的原因。目前，学界对宋代政治史的研究，多关注制度与政策、内政与外交、中央与地方、文武关系、党争与变法以及政治家个案等方面，并取得许多论著成果。但从帝王特性的视角观察，尚显得不足。本文即从宋仁宗在位期间的特点切入，[1] 以考察其与当时朝政之间的关系，适可丰富对北宋中叶政治变迁的理解。

一　宋仁宗的成长经历及其性格的形成

宋仁宗的成长历程颇不寻常，这一经历对其性格的形成产生了很大的影响。而由此促成的行事特点又直接决定了其独特的帝王风格，从而在宋朝历史上留下了鲜明的印记。

在宋仁宗之前，前三代皇帝登基都或多或少存在特殊性。众所周知，宋太祖通过兵变称帝建国，宋太宗很可能

1　目前主要有赵冬梅对此有相关论述，但较简略。见《宋仁宗之"仁"》一文，人民论坛网，2020 年 7 月 21 日，http://www.rmlt.com.cn/2020/0721/587553.shtml。

以篡位方式登基。宋真宗即位也具有一定的偶然性，因为
在他之前曾有过两个皇位继承人。真宗长兄、楚王元佐最
初被太宗确立为储君，不过，元佐因受秦王廷美之死的刺
激，在雍熙二年（985）精神失常，甚至手刃伤人、纵火
焚宫，因此当年被废黜。[1]随之，太宗又立次子许王元僖
为皇储，但在淳化三年（992），元僖突然暴病身亡。[2]直
到两年后，晚年的宋太宗才立第三子、襄王元侃为继承
人，元侃后改名恒，即宋真宗。而宋真宗在即位之际，还
曾发生政治风波，宦官首领王继恩、参知政事李昌龄及知
制诰胡旦等人与李皇后合谋，试图拥立被废的楚王元佐登
基。后在宰相吕端果决的处置下，这场危机才得以化解。[3]
《宋史》记载，宋真宗有六子，其中四个皆早死，另一位
没有具体记录，很可能也属夭折，唯独幼子赵祯成活下
来，[4]故其成为真宗唯一的血脉。

　　宋仁宗在登基问题上虽然没有遭遇意外，但是其成
长颇不一般。赵祯自幼受到皇子的正统教育，真宗还专
门设置资善堂，选派"耆德方正有学术者"加以教导，[5]并
且规定不得在其间戏耍，"仍面戒不得于堂中戏笑，及陈
玩弄之具，庶事由礼，使王亲近僚友"。[6]按照既有的皇室

1　李焘：《续资治通鉴长编》卷二六，雍熙二年九月庚戌，第598页。
2　李焘：《续资治通鉴长编》卷三三，淳化三年十一月己亥，第740—741页。
3　李焘：《续资治通鉴长编》卷四一，至道三年三月壬辰，第862页。
4　《宋史》卷二四五《宗室传二》，第8707页。
5　李焘：《续资治通鉴长编》卷八六，大中祥符九年正月壬申，第1969页。
6　《宋大诏令集》卷三五《建资善堂诏》，中华书局，1962，第183页。按：此事
　　记载时间有误，当为大中祥符八年。

教育规则，赵祯学习的内容主要是经史，尤其是儒家经典要义，宋太祖就曾强调道："帝王家儿，不必要会文章，但令通晓经义，知古今治乱，他日免为侮文弄法吏欺罔耳。"[1] 宋人一般也认为，储君学习的目的是要知晓"有君臣父子之伦，尊卑长幼之序"。[2] 天禧二年（1018），8 岁的赵祯被正式立为太子，随后还被安排了解政务，"诏五日一开资善堂，太子秉笏南乡立，听辅臣参决诸司事"。[3] 可以说，赵祯除了读书、听讲，几乎没有玩伴，接触最多的都是辅导官员与宦官这些成年人。这种严格甚至刻板的培养过程，对尚在童年的仁宗必定会产生不小的影响。乾兴元年（1022），真宗病死，12 岁的仁宗即位，由刘太后临朝听政。直到明道二年（1033）刘太后病故，仁宗才亲政，但此时他已是 23 岁的成年人了。

宋仁宗童年受到真宗和一批专职文臣的培育，仅是其经历的一面。而另一方面，在生活上对他管教最多且持续时间最长的则是母后刘氏，故受到刘氏的影响其实更大。刘氏虽来自民间，出身低微，但入宫后便专宠不衰，并成功晋位皇后，史称："后性警悟，晓书史，闻朝廷事，能记其本末。真宗退朝，阅天下封奏，多至中夜，后皆预

---

1 孔平仲：《孔氏谈苑》卷四《帝王儿不必会文章》，《丁晋公谈录（外三种）》，杨倩描、徐立群点校，中华书局，2012，第 266 页；另见司马光《涑水记闻》卷一："帝王之子，当务读经书，知治乱之大体，不必学作文章，无所用也。"第 20 页。

2 陈模：《东宫备览》卷一《入学》，《丛书集成初编》第 683 册，第 3 页。

3 《宋史》卷九《仁宗纪一》，第 175 页。

闻。"[1] 可见刘氏颇具智慧，能力非同寻常。到真宗晚年多病时，她已开始参政，并与大臣丁谓等人联手击败了宰相寇准，实际上操控了宫廷。刘后因不育，遂在仁宗诞生时即将其收为己有，并严禁泄露仁宗生母李氏的信息，致使赵祯与生母始终不能母子相认。据记载，刘后对赵祯管束甚严，即使其即位后亦如此，史称"上幼冲即位，章献（刘后）性严，动以礼法禁约之，未尝假以颜色"。[2] 刘太后对仁宗不假以颜色地严厉管教，使得仁宗从小就学会了顺从，所谓"仁宗所以奉太后亦甚备"。[3] 在这种长期缺乏温情的环境下成长，仁宗的个性无疑受到很大的压抑，难以自主伸张。值得一提的是，仁宗即位后仍继续着正统教育，据以后的宋高宗说："祖宗故事，朕尝省阅，然宫禁间事，亦有外朝所不知者。朕昨见毛刚中所进鉴古图，乃仁宗皇帝即位之初，春秋尚幼，故采古人行事之迹，绘而成图，便于省阅，因以为鉴也。"[4] 可知当时为了便于仁宗学习枯燥的知识，还编绘了相关图本。刘太后又为其设置了经筵讲官，进一步加以帝学培养，"后称制凡十一年，自仁宗即位，乃谕辅臣曰：'皇帝听断之暇，宜诏名儒讲习经史，以辅其德。'于是设幄崇政殿之西庑，而日命近臣侍讲读"。[5] 如此一来，宋仁宗从幼年到亲政前的二十多

1　《宋史》卷二四二《后妃传上·章献明肃刘皇后》，第 8613 页。

2　司马光：《涑水记闻》卷八，第 153 页。

3　《宋史》卷二四二《后妃传上·章献明肃刘皇后》，第 8615 页。

4　李心传编撰《建炎以来系年要录》卷八六，绍兴五年闰二月丙寅，第 1645 页。

5　《宋史》卷二四二《后妃传上·章献明肃刘皇后》，第 8615 页。

年中，既深受传统儒学的教导，又一直受到养母刘后的严格约束，就此度过了从童年到青年的时光。因此，仁宗遂养成温顺、柔弱的性格特点，可谓知书明礼、循规蹈矩，又内敛含蓄。宋人即认为"仁宗性畏慎"。[1] 元代史家修《宋史》时称其："仁孝宽裕，喜愠不形于色。"[2] 至于评说宋仁宗"恭俭仁恕，出于天性"[3]"天性最为仁厚"，[4]其实并非出自天生，而是来自成长经历的塑造。

二　宋仁宗亲政前的克制与忍让

宋仁宗无论被认为是"仁孝宽裕"，还是被评为"恭俭仁恕"，其内化在皇帝角色中则是能保持克制乃至于忍让。特别是在亲政前的阶段，其不仅在庙堂上如此，包括在婚姻等私生活方面亦不例外。

在乾兴元年二月至明道二年三月期间的十余年里，垂帘听政的刘太后是事实上的最高主宰，仁宗即使逐渐成年，也从经史、祖训中明白了帝王的含义，但迫于现实只能依旧安于见习君主的角色，朝堂大政听由太后与臣僚商议后最终裁断，尤其对重要的敏感问题甚少表态。从这一

1　苏辙:《龙川略志》卷四《契丹来议和亲》，第 21 页。
2　《宋史》卷九《仁宗纪一》，第 175 页。
3　《宋史》卷一二《仁宗纪四》"赞曰"，第 250 页。
4　陈栎:《历代通略》卷三，《景印文渊阁四库全书》第 688 册，第 71 页。

阶段宰辅的变动情况来看，便多出自太后的意志。刘太后临朝之初，先将曾经的合作者、权相丁谓贬逐，并将次相冯拯外放地方，而改用王钦若、王曾入主中书。继之利用臣僚之间的矛盾，默许王曾等人与王钦若争斗，使得善弄权术的王钦若受到牵制，"然钦若亦不复能大用事如真宗时矣。同列往往驳议，钦若不堪"。[1] 当王钦若不久死去后，太后再用王曾为首相，以张知白为次相，就此完成宰相的新旧替换。此后，王曾虽力革弊政，但因维护规则得罪太后，"（王）曾多所裁抑，太后滋不悦"，[2] 遂遭到罢相，而由平庸的张士逊和明智的吕夷简继任宰相。与此同时，刘太后先留用曾经支持过自己的枢密使曹利用，短暂提拔姻亲钱惟演并为枢密使，再用有恩于己的张耆取代钱惟演。当曹利用有不顺从的表现，"恃恩素骄"后，便引起太后的不满，将其贬官问罪。[3] 随后，又用追随者杨崇勋为枢密使。在波谲云诡的人事变动中，基本看不到仁宗的态度，有的只是以其皇帝身份下达的相关任免诏书。刘太后固然维持了真、仁之际朝政的平稳过渡，但也运用权柄升降大臣，长期操控庙堂，即便仁宗已经成年，她仍拒绝放权。如当多位朝臣上奏建议还政皇帝时，均遭到她的

1　李焘:《续资治通鉴长编》卷一〇一，天圣元年九月丙寅，第 2333 页。

2　《宋史》卷三一〇《王曾传》，第 10185 页。

3　李焘:《续资治通鉴长编》卷一〇七，天圣七年正月癸卯，第 2491—2492 页;《宋史》卷二九〇《曹利用传》，第 9707—9708 页。

贬降。[1] 从文献记载来看，主政大臣没敢附和这样的动议，仁宗也从未对此做出任何反应或举动。这就表明仁宗与辅臣都保持了克制与忍让，回避这些奏议，以免触怒太后。

事实上，宋仁宗在亲政前不仅顺从刘太后在朝堂上做主，对迎合太后的许多举动也会予以配合。如据记载，草泽方仲弓上书建议依唐朝武则天故事为太后立刘氏七庙，刘太后因迫于压力不敢接受，便表示："吾不作此负祖宗事。"仁宗则说："此亦出于忠孝，宜有以旌之。"于是方氏被授予开封司录的官职；[2] 在元旦之日，仁宗主动打破常规，先率百官及契丹使臣在会庆殿跪拜庆贺太后，然后才转往天安殿接受群臣朝贺；[3] 诸如此类等。揆诸这一时期的宫廷形势，仁宗的克制除了一贯的温顺性格因素使然外，逐渐成年后还有避免意外发生的考虑，遂以恭顺的姿态显现，以消除刘太后的疑虑。据记载，刘太后曾以真宗早夭之长子托梦为由，将真宗异母兄弟元俨之子允初"养于禁中"，这对仁宗显然是一个潜在的威胁。允初"既长"，宰相吕夷简为防不测，坚请将允初"命还邸中"。[4] 有赖

1　李焘：《续资治通鉴长编》卷一〇六，天圣六年七月乙巳，第 2476 页；卷一〇八，天圣七年十一月癸亥，第 2526—2527 页；卷一一〇，天圣九年十月己卯，第 2567 页；卷一一一，明道元年八月丁卯，第 2588 页。

2　苏辙：《龙川别志》卷上，第 78 页；李焘：《续资治通鉴长编》卷一一二，明道二年四月己未，第 2615 页。

3　李焘：《续资治通鉴长编》卷一〇四，天圣四年十二月丁亥，第 2428 页；卷一〇五，天圣五年正月壬寅，第 2434 页。

4　苏辙：《龙川别志》卷上，第 78—79 页；李焘：《续资治通鉴长编》卷一一二，明道二年四月己未，第 2612—2613 页。

富有权谋的吕夷简调和，"辑睦二宫"，[1]才使得仁宗平安无事。在此需要说明的是，刘太后在临朝听政的末期虽年逾六旬，但权力欲丝毫未减，两宫之间难免存在芥蒂。在扑朔迷离的微妙境况下，以吕夷简为首的大臣运用权术化解两宫之间可能出现的矛盾，即一方面满足刘太后的一些僭越礼仪要求，以不断破格封赏的方式照顾太后家族的利益，另一方面则尽力维护仁宗的地位和感情，排除各种对其不利的因素，就此维持了政局的稳定。[2]

宋仁宗在亲政之前，遵从太后的旨意扮演傀儡皇帝不说，在婚姻生活上也服从太后的安排。仁宗最初钟情于故骁骑卫上将军张美之后张美人，欲立其为皇后，但刘太后选中故平卢节度使郭崇的孙女，仁宗虽不情愿，却只能屈从。[3]刘太后还对少年君主与后宫的交往予以限制，郭后又年少不懂世情，竟依仗太后"颇骄"，仁宗心存不满，也只有忍让，所谓"郭皇后之立，非上意，浸见疏，而后挟庄（章）献势，颇骄。后宫为庄（章）献所禁遏，希得进"。[4]由此可见，仁宗从 14 岁婚后便保持克制，与郭后长期维持关系，不过也为双方后来的分离埋下了种子。

1　苏辙：《龙川别志》卷上，第 78 页。

2　《宋史》卷三一一《吕夷简传》，第 10207—10208 页。参见陈峰《试论北宋名相吕夷简的政治"操术"》，《中州学刊》1998 年第 6 期。

3　《宋史》卷二四二《后妃传上·仁宗郭皇后》，第 8619 页；李焘：《续资治通鉴长编》卷一〇四，天圣四年三月丁巳，第 2405 页。

4　李焘：《续资治通鉴长编》卷一一三，明道二年十二月甲寅，第 2648 页。

三　宋仁宗问政的特点对及其对朝政的影响

宋仁宗亲政后，长期养成的性格使其更依赖大臣辅政，因此君臣关系相对密切，甚少发生明显冲突。但他同时也缺乏主见，易受到议论的干扰，从而难以果断裁决并革除弊政。就此形成的帝王风格，对当时的朝政产生了重要的影响。

明道二年，刘太后病故，仁宗终于亲政，从此至嘉祐八年（1063）辞世，他做了三十余年的最高统治者。在此期间，仁宗虽有某些变化，但总体上以遵循祖宗之法与维持现状为宗旨，依靠官僚体系维系统治。在亲政之初，仁宗曾一度因发泄对太后的怨气撤换了一些官员，但随后便缓和下来，延续了庙堂用人的传统，既对有恩于己或口碑良好者加以倚重，又注意论资排辈，以平衡各方的利益。其中吕夷简因曾尽心维护过仁宗，遂长期深受重用，史称"夷简当国柄最久，虽数为言者所诋，帝眷倚不衰"。其病危之际，仁宗剪须和药，以示关心。吕夷简死，仁宗还对群臣流涕说："安得忧国忘身如夷简者。"[1]仁宗最后的十余年间，素负名望的文彦博、富弼和韩琦又成为股肱大臣，深得眷顾。对李迪、王曾、晏殊以及范仲淹等其他辅臣，仁宗也多以礼待之。至于一些平庸及追随过刘太后者，亦

1　《宋史》卷三一一《吕夷简传》，第 10210、10209 页。

能论资排辈跻身宰执之列，如张士逊、王随、陈尧佐、夏
竦及范雍等官僚。甚至对曾做过于己不利之事者，仁宗也
能加以宽恕和包容。如太后临朝期间，程琳也请立刘氏
庙，还曾秘献《武后临朝图》。[1] 据苏辙记载："仁宗一日
在迩英谓讲官曰：'程琳心行不忠，在章献朝尝请立刘氏
庙，且献七庙图。'时王洙侍读闻之。仁宗性宽厚，琳竟
至宰相，盖无宿怒也。"[2] 由此可见，仁宗以宽厚之心理解
当事人，不像大多数皇帝通常记恨和报复对手。因而，南
宋官员胡寅在上疏中就认为："仁宗皇帝在位最久，得君
子最多，小人亦时见用，然罪著则斥之，君子亦或见废，
然忠显则比之。"[3]

在施政过程中，仁宗注重保持朝堂的稳定与平衡。他
一方面优容士人，依靠大臣商议决策，而很少强加自己的
意志；另一方面重视台谏的作用，不仅以此加强对官员的
监督，还借此制衡宰相。仁宗曾就此表示："屡有人言朕
少断。非不欲处分，盖缘国家动有祖宗故事，苟或出令，
未合宪度，便成过失。以此须经大臣论议而行，台谏官
见有未便，但言来，不惮追改也。"[4] 于是在吕夷简卸任后，
许多宰臣的去留，多取决于资历平衡及台谏议论的结果，
仁宗则往往接受这一结果。

1　《宋史》卷二八八《程琳传》，第 9677 页。
2　苏辙：《龙川别志》卷上，第 78 页。
3　李心传编撰《建炎以来系年要录》卷二七，建炎三年闰八月庚寅，第 629 页。
4　朱熹：《三朝名臣言行录》卷一〇之一，《四部丛刊初编》第 279 册，第 2 页。

在治国上，仁宗高度重视文教建设，尤其是大力扶持办学，从而促进了文化的昌盛，因学界对此已有共识，兹不赘述。仁宗信奉儒家理念，反对苛政猛刑，他曾公开表态："深文峻法，诚非善政。"[1] 后世的宋高宗也反映："闻仁宗皇帝尝云，宁失之太慈，不可失之太察。"[2] 故史称："大辟疑者，皆令上谳，岁常活千余。"[3] 官员无杀戮之忧自不必言，有失职或违法者，通常也不会遭到重刑惩处。据记载，庆历三年（1043），"群盗剽劫淮南，将过高邮，知军晁仲约度不能御，谕富民出金帛，具牛酒，使人迎劳，且厚遗之，盗悦，径去不为暴"。事后，枢密副使富弼要求处死晁氏，以儆效尤，但参知政事范仲淹认为情有可原，反对动用极刑。仁宗接受宽恕的建议，仅以贬官降职处理。[4] 据说，当年川蜀一个举子给成都知府献诗，其中"把断剑门烧栈道，西川别是一乾坤"之句有教唆谋反之嫌。此事奏报到朝廷，仁宗却表示：一介老书生急于当官才口出狂言，不必深究，可安排边远小郡司户参军。此人上任不久便愧疚而死。[5] 因此，其在位期间统治秩序平稳，文治路线及文教建设持续发展。清初学者王船山即认为："仁宗之称盛治，至于今而闻者羡之。帝躬慈俭之

1　李焘：《续资治通鉴长编》卷一二〇，景祐四年十月甲戌，第2837页。
2　李心传编撰《建炎以来系年要录》卷一一三，绍兴七年八月戊戌，第2110页。
3　《宋史》卷一二《仁宗纪四》，第250—251页。
4　李焘：《续资治通鉴长编》卷一四五，庆历三年十一月辛巳，第3499页；邵伯温：《邵氏闻见录》卷八，第79页。
5　朱弁：《曲洧旧闻》卷一，孔凡礼点校，中华书局，2002，第94页。

德，而宰执台谏侍从之臣，皆所谓君子人也，宜其治之盛也。"[1]

宋仁宗因深受儒家文化的熏陶，尽力保持自己明君的形象，故通常忌惮遭到外界的非议，便有意扮演从善如流的角色。仁宗在虚心接受官员劝谏甚至批评方面，是宋朝历代皇帝中最突出者。典型的例证如：谏官余靖曾在盛夏之日上殿批评朝政，"靖对上极言，靖素不修饰，上入内云：'被一汗臭汉薰杀，喷唾在吾面上。'上优容谏臣如此"。[2]宋人及现代学者都认为台谏制度在仁宗朝最为成熟，[3]这自然离不开当时皇帝的充分理解与支持。

然而，凡事皆有两面性，宋仁宗问政的特点在给朝堂带来宽松氛围的同时，也对朝政产生了一定的负面影响，主要体现在决策缺乏果断性，常常呈现出摇摆不定的结果上。从其在位期间的诸多史实观察，每当宰辅、朝臣议政时存在分歧，甚至议而不决时，仁宗总体上亦表现得优柔寡断，往往或迁就一方，或迁延搁置。因此，宋廷在政治上日益保守，臣僚也难有作为。"庆历新政"即为其中一个突出例证，众所周知，当出现严重的"三冗"问题后，仁宗在改革呼声的压力下起用范仲淹主持新政，但在遭遇反对派群起非议时，又随即终止了改革。与此同时，君臣

1　王夫之：《宋论》卷四《仁宗》，第 77 页。

2　李焘：《续资治通鉴长编》卷一五〇，庆历四年六月丁未，第 3635 页。

3　吕中：《皇朝类编大事记讲义》卷九《仁宗皇帝》，第 189 页；并参见虞云国《宋代台谏制度研究》，上海社会科学院出版社，2001，第 110 页。

沿袭崇文抑武路线，一味消极防御与抑制武将群体，致使边患加剧，最终只有借助议和方式化解危机。[1] 王安石与宋神宗曾讨论过这位先皇的弱点，称其对待群臣乃至天下的仁恩，"可谓深厚"，却受到西夏的欺辱，所谓"陵侮仁宗最甚"。[2] 南宋大儒朱熹也评说道："本朝全盛之时，如庆历、元祐间，只是相共扶持这个天下，不敢做事，不敢动。被夷狄侮，也只忍受，不敢与较，亦不敢施设一事，方得天下稍宁。"[3] 这都或多或少地指出了仁宗无能的一面。

四　宋仁宗特性在宫廷生活中的体现

宋仁宗的特性不仅映射在朝政之中，也同样体现在宫廷生活上。他的物质生活特点，特别是与后宫嫔妃之间的关系，都颇不寻常。这一现象在宋朝几乎仅见，在中国历代帝王中亦属罕有。

仁宗与宋朝很多皇帝一样，退朝之余除了读书，也喜好写字，当时在朝的欧阳修即指出："仁宗万机之暇，无所玩好，惟亲翰墨，而飞白尤为神妙。"[4] 然而，在物质生

1　参见陈峰《北宋武将群体及其相关问题研究》（增订本），第245—254页。

2　李焘：《续资治通鉴长编》卷二三〇，熙宁五年二月癸亥，第5596页。

3　黎靖德编《朱子语类》卷一二七《钦宗朝》，第3051页。

4　欧阳修：《归田录》卷一，第9页。

活上主动保持克制这一点，并非其前后守成君主都能做到。如宋人笔记反映的典型事例：某日晚间，仁宗感到饥饿，想吃烧羊，但考虑到"禁中每有取索，外面遂以为例。诚恐自此逐夜宰杀，以备非时供应，则岁月之久，害物多矣"，遂忍耐不说；[1] 当饮食中出现稀见之物时，他不仅拒绝还加以告诫。[2] 至和二年（1055）春，仁宗病重，宰执大臣赶赴宫中探视时才目睹了其简朴的一面，"两府大臣日至寝阁问圣体，见上器服简质，用素漆唾壶盂子，素瓷盏进药，御榻上衾褥皆黄绸，色已故暗，宫人遽取新衾覆其上，亦黄绸也。然外人无知者，惟两府侍疾，因见之尔"。[3] 故元人修《宋史》时赞誉其恭俭，"燕私常服浣濯，帷帘衾裯，多用缯绸"。[4] 难得的是，仁宗还能体恤宫中服侍人员，如他曾在一次游赏时频频回顾，众人不知其意。等到返回宫中，他立即索要热水解渴，"嫔御进水，且曰：'大家何不外面取水而致久渴耶？'仁宗曰：'吾屡顾不见镣子，苟问之，即有抵罪者，故忍渴而归。'左右皆稽颡动容"。[5] 类似的记载还有不少，都说明其无意于奢靡享受，这无疑与宋徽宗、理宗之类的帝王形成鲜明的反差。

1　魏泰：《东轩笔录》卷三，第 31 页。

2　陈师道：《后山谈丛》卷六，李伟国点校，中华书局，2007，第 81 页。

3　欧阳修：《归田录》卷一，第 9 页。

4　《宋史》卷一二《仁宗纪四》"赞曰"，第 250 页。

5　魏泰：《东轩笔录》卷一一，第 125 页。

　　宋仁宗的一贯特性，还使得其处理与后妃的关系时夹杂了许多无奈。当刘太后死后，仁宗摆脱了多年的禁锢，遂可自由出入后宫，其中尤以尚、杨两位美人一时受宠。郭皇后不懂得收敛，竟屡次当着皇帝的面与她们争吵。明道二年冬，郭后因撕打尚美人而误击仁宗面颊。仁宗忍无可忍，便接受亲信宦官的建议，当即召宰相吕夷简入宫，以面颊上的手痕相示。[1] 仁宗对皇后不满，竟不敢自己惩罚，还需向辅臣求助，足见其柔弱的一面。曾因郭后非议而一度出朝的吕夷简，乘机以东汉光武帝废后为例劝说废黜郭后，积怨已久的仁宗这才安心下旨废后。[2] 翌年，在重新考虑皇后人选时，仁宗想立钟情的一位陈姓茶商之女为皇后，但遭到宰相吕夷简、枢密使王曾及参知政事宋绶以下众臣的反对，认为其不足以母仪天下。仁宗最终只得屈服，接受臣僚推荐的宋初大将曹彬孙女为后。[3]

　　宋仁宗因与曹后的关系并不亲密，注意力便转向其他嫔妃，但因此也承受到压力。如当他一度纵欲过度染病，"或累日不进食"时，宫廷上下遂视其身边的尚、杨二美人为惑乱人主的妖孽，仁宗被逼无奈，只得将她俩驱逐出宫。[4] 又有一次，谏官王素得知武臣王德用向宫中献秀

1　李焘:《续资治通鉴长编》卷一一三，明道二年十二月甲寅，第 2648—2649 页。
2　司马光:《涑水记闻》卷五，第 84—85 页;《宋史》卷二四二《后妃传上·仁宗郭皇后》，第 8619 页。
3　李焘:《续资治通鉴长编》卷一一五，景祐元年九月辛丑、甲辰，第 2700 页;司马光:《涑水记闻》卷一〇，第 183 页。
4　司马光:《涑水记闻》卷三，第 59—60 页。

女，便劝谏仁宗远女色，"帝初诘以宫禁事何从知？公不屈。帝笑曰：'朕真宗之子，卿王旦之子，有世旧，岂他人比。德用实进女口，已服事朕左右，何如？'公曰：'臣之忧，正恐在陛下左右耳。'"仁宗眼见用两代旧情也不能打动王素，只好吩咐给所献女子每位三百贯钱，立即打发出去。值得注意的是，仁宗当时竟然为此"泣下"，[1]可见其深感委屈与无奈。在经常遭遇朝官劝谏的情况下，仁宗在后宫的私生活亦受到许多约束，以至于不得不防止授人以柄。史载，当一个服侍梳头的宫女自恃有宠，对台谏官劝谏皇帝远离女色的上奏表示不满时，仁宗当即将其打发出宫。事后，就连参知政事吴奎也认为仁宗远胜历史上的明君汉文帝。[2]仁宗还注意传统规则，很少满足后宫女子提出的要求。据记载，至和、嘉祐间，嫔妃的品位已久未升迁。她们多次请求，仁宗都以无典可依告之，"朝廷不肯行"。有人不服，说皇帝敕令谁敢不从，他答称不妨一试。果然大臣奏称不合规矩，此事便无下文。此后，又有人再提要求，仁宗遂御笔书写：某某特转某官，某某特转某品。众嫔妃看到无不喜悦。及至发俸禄时，她们拿出御笔要求增添，主管机构却不遵从。她们跑到御前诉说："元（原）来使不得。"并将御书彩笺撕碎，仁宗见了也只是发笑。[3]

1　邵博：《邵氏闻见后录》卷一，李剑雄，刘德权点校，中华书局，1983，第3页。

2　邵伯温：《邵氏闻见录》卷二，第12页。

3　周辉：《清波杂志（附别志）》，《丛书集成初编》第2774册，第159—160页。

当然，宋仁宗也并非全然不顾宠妃的感情，对其中特别宠爱的张贵妃就给予了超常的待遇。据记载，张氏入宫后深得仁宗喜爱，"有盛宠"，故其不仅生前被封为贵妃，死后还被追为温成皇后。[1] 仁宗对张贵妃的宠爱程度，可从一件生活小事说明：南方的柑橘属于开封城中的稀罕水果，因张贵妃喜食，仁宗遂予以满足，因此价格居高不下。[2] 这对一般的帝王来说，或许不值一提，但就宋仁宗而言已属特别之事。仁宗对其伯父张尧佐也极为照顾，当进士出身的张尧佐升任三司使而遭到非议后，仁宗同意转任其官，授意辅臣一次给予其宣徽使、节度使、景灵宫使及群牧使等四使，又赐予其二子进士出身。按：四使中除了群牧使为实任官外，其余皆为位高无权的虚衔。不料，此举引起轩然大波，遭致多位台谏官的反对和批评，仁宗一时罕见动怒，将带头的唐介贬官到岭南。不过，仁宗随后恢复了清醒，"又虑介或道死，有杀直臣名"，于是派宦官一路护送。后张尧佐主动请辞二使并离开京师，这场风波才基本平息。而唐介也被陆续恢复官职，又重新回到御史台，仁宗还专门召见加以抚慰。[3] 其实，此事在宋仁宗一生中毕竟罕见，并不足以反映其基本的特点。

1　《宋史》卷二四二《后妃传上·张贵妃》，第 8622—8623 页。

2　张世南:《游宦纪闻》卷二，张茂鹏点校，中华书局，1981，第 11 页。

3　《宋史》卷三一六《唐介传》，第 10327 页；卷四六三《外戚传上·张尧佐》，第 13557—13558 页。

余　论

嘉祐八年（1063）三月，宋仁宗病死。就其一生而言，可谓以宽仁著称，且循规蹈矩，恪守为君之道，故官员们为他选择了"仁宗"的庙号。元代史家也认为："传曰：'为人君，止于仁。'帝诚无愧焉！"[1] 宋仁宗就此既与本朝前后君主有别，亦成为历代王朝帝王中的一种特殊典型。

在宋仁宗时代，因君主显著的包容性使得当时的朝政较少受到来自皇权的压力，大臣、官员得以从容施政，这便在古代专制皇权体制之下，形成了某种罕见的宽松政治氛围。而与此同时，以科举出身为背景的士人知识群体得到前所未有的礼遇与信任，如时人所云："今世用人，大率以文词进。大臣文士也，近侍之臣文士也，钱谷之司文士也，边防大帅文士也，天下转运使文士也，知州郡文士也，虽有武臣，盖仅有也。"[2] 因此，宋代士大夫的政治自觉意识增强，更为主动地担负了治国重任。故宋人言及"国朝待遇士大夫甚厚，皆前代所无"时，特别感激仁宗在各方面给予的厚待，"可谓仁矣……仁宗可谓能弘家法矣"。[3] 范祖禹还认为："仁宗皇帝在位四十二年，以尧舜

1　《宋史》卷一二《仁宗纪四》"赞曰"，第 251 页。

2　《蔡襄集》卷二二《国论要目》，第 384 页。

3　王栐：《燕翼诒谋录》卷五，第 46 页。

为师法，待儒臣以宾友。"[1] 就此而言，宋朝的文官政治在此阶段凸显，宋代政治开明的特征也因此达到巅峰。

但宋仁宗的"仁孝宽裕"特点，也带来了明显的墨守成规及繁文缛节之弊。由此常常影响到决策的效率，还为官僚们的党争提供了契机，从而加重了统治的保守性。故当时虽域内统治稳固，文教建设蒸蒸日上，但政治积弊丛生，内忧外患叠加。尤其是在边防上积弱之势相当突出，统治集团却安于现状。然而，宋代士人围绕宋仁宗而留下的各种溢美之词，已遮蔽了其软弱、无所作为的一面。难怪有个别后世宋人说出了真相：仁宗"百事不会，只会做官家（皇帝）"。[2]

1　范祖禹：《帝学》卷六，《景印文渊阁四库全书》第 696 册，第 765 页。
2　施德操：《北窗炙輠录》卷上，虞云国、孙旭整理，《全宋笔记》第 3 编第 8 册，第 174 页。

柳开事迹与宋初士林的豪横之气

有宋一代士风，最为后世所称道，无论是当年范仲淹抒发的"先天下之忧而忧，后天下之乐而乐"的情怀，张载提出的"为天地立心，为生民立命，为往圣继绝学，为万世开太平"的追求，还是现代学界对宋代"皇帝与士大夫共治天下"现象的评述，[1]都揭示出宋代士

1　参见程民生《论宋代士大夫政治对皇权的限制》，《河南大学学报》1999 年 3 期；张其凡《"皇帝与士大夫共治天下"试析——北宋政治架构探微》，《暨南学报》2001 世 6 期；余英时《朱熹的历史世界》"自序一"，生活·读书·新知三联书店，2004，第 1—4 页；陈峰《政治选择与宋代文官士大夫的政治角色——以宋朝治国方略及处理文武关系探究为中心》，《河南大学学报》2007 年第 1 期。

风有超越前代的某种独特之处，这既包含了士大夫长期主
政下自主精神与自豪感的流露，也反映了文教昌盛下士人
长期推崇道统与修养风范的群体自觉意识。然而，这种所
谓"宋代士风"绝非一夜之间凝聚而成，而是在历经变迁
演进的过程中逐渐造就的。[1]

　　宋朝初年，士人虽有意划清与以往乱世的界限，但身
心沿袭夹杂唐末五代遗风之处甚多，不少人在行为上还暴
露出一些豪横之气。这种豪横之气既包含有豪放敢为的一
面，也存在着粗暴越轨的另一面，与日后讲求规矩、儒雅
的风尚存在不小的差异。不过，宋朝的士林前辈是后人高
歌行进中绕不开的起点。柳开便是被当朝人定性为"性豪
横"[2]的这样一位代表性人物，通过考察其经历事迹，可以
为透视宋初士风提供一个重要的窗口。[3]

一　柳开的身世背景

　　柳开虽出生于五代岁月，但其家世渊源可以追溯更
远。柳氏是中古时代的一个显赫姓氏，早在南北朝时期已

1　参见陈峰《宋朝开国史与士人的记忆及改造——以宋朝"崇文"气象为中心的
　　考察》，《人文杂志》2010 年第 5 期。
2　蔡绦：《铁围山丛谈》卷三，冯惠民、沈锡麟点校，中华书局，1983，第 46 页。
3　目前，柳开作为宋代古文运动的先驱，受到古代文学界的关注，但史学界尚无
　　专文论述。

成高门大姓，活跃于全国许多地区，也出了不少风云人物。唐朝时，士家大族在政治上已经走向下坡，不过在世人心中依旧保持着许多的尊崇地位。河东柳氏便是当时的著姓大族，其中在京师长安地区，柳氏与韦、裴、薛、杨、杜等家并称显赫门第。[1]唐朝时，柳氏还出了著名的文学家柳宗元和书法家柳公权。

后汉天福十二年（947），柳开生于大名府一个大姓家庭。用柳开后来的话说，即所谓"邺中大族，我家也"。[2]柳开的父辈虽然政治地位并不高，其父柳承翰最终只做到监察御史，而其他成员也没有特别值得夸耀的仕宦成就。不过，柳开的家族在经济上颇有实力，属于富豪一类。[3]这样的身世环境，对柳开一生，特别是以后的仕途活动和行为特性，都有抹不掉的深远影响。旧家世族与富裕的家境出身背景，使柳开自幼养成明显的优越感，自视甚高，但性格张扬，甚至使气任性，所谓"尚气自任，不顾小节"，瞧不起循规蹈矩的俗儒。[4]同时，世族注重文学修养的传统也在他身上得到继承。柳开"幼颖异"，[5]用心

1　《新唐书》卷一九九《柳冲传》引柳芳所言，第5678页。

2　《柳开集》卷一四《宋故昭义军节度推官试大理评事柳君墓志铭》，李可风点校，中华书局，2015，第191页。

3　吴处厚：《青箱杂记》卷六，李裕民点校，中华书局，1985，第63页。

4　张景：《故如京使金紫光禄大夫检校使司空知沧州军州事兵马钤辖兼御史大夫上柱国河东县开国伯食邑九百户柳公行状》，杜大珪撰，顾宏义、苏贤校证《名臣碑传琬琰集校证》下集卷七，上海古籍出版社，2021，第1872页。

5　《宋史》卷四四〇《文苑传二·柳开》，第13023页。

读书，涉猎广泛，志存高远。

宋朝开国之初，承多年战乱之后，百废待兴，文坛也是荒芜已久。年轻的柳开对当时浅陋的文风大为不满，读书作文遂以唐代韩愈、柳宗元为楷模，便起名肩愈，字绍先，大有延续"韩、柳"古文功业的志向。经过潜心学习，他深为儒家人伦义理沦丧所痛心，于是奋笔道："文恶辞之华于理，不恶理之华于辞也。"[1] 即继承了"文以载道"的优良传统。随之，他改名为"开"，取字"仲涂"，立志再开"圣人之道"，又自号"东郊野夫""补亡先生"，并以此署名著述。[2] 柳开曾不无炫耀地咏道："皇唐二百八十年，柳氏家门世有贤。出众文章惟子厚（柳宗元），不群书札独公权（柳公权）。"[3] 字里行间透出的潜台词是，他大有直追先人文坛功业的抱负。这都反映在文学思想上，他具有突破旧藩篱的新主张。

年轻时的柳开已写出不少名篇，从而博得许多知名学者的青睐，如大名知府王祐和翰林学士卢多逊都对他的文章大加赞赏。当时的古文家范杲也"尤重（柳）开文"。一时他声名鹊起，与范杲并称"柳、范"。[4] 又与梁周翰、高锡、范杲等名士并称"高、梁、柳、范"。[5] 对于柳开的

1　《柳开集》卷五《上王学士第三书》，第 108 页。

2　《宋史》卷四四〇《文苑传二·柳开》，第 13024 页。

3　《柳开集》卷一四《宋故柳先生墓志铭》，第 196 页。

4　《宋史》卷四四〇《文苑传二·柳开》，第 13024 页。

5　《宋史》卷四三九《文苑传一·梁周翰》，第 13003 页。

文学成就，元人所修《宋史·儒林传》这样评价："国初，杨亿、刘筠犹袭唐人声律之体，柳开、穆修志欲变古而力弗逮。庐陵欧阳修出，以古文倡，临川王安石、眉山苏轼、南丰曾巩起而和之，宋文日趋于古矣。"[1]《宋史·穆修传》亦云："自五代文敝，国初柳开始为古文，其后杨亿、刘筠尚声偶之辞，天下学者靡然从之。"[2] 由此足见其在宋代散文史上不可小觑的地位。

柳开生长的外部环境，则是影响其性格行为的又一个重要因素。众所周知，大名是河北腹地的一处重镇，从来为兵家必争之地，长期战乱不休。唐朝时，此地属魏州所在地，为河北军事重镇。安史之乱后，魏州又成为祸乱最烈的河朔三镇之一的魏博镇驻节地。五代之时，魏州依旧是战争频发之地，兵火不息，强藩悍将争斗不已。因此，受到地理位置与社会环境的影响，当地民风颇为剽悍，不仅习武从军是民众的一条重要谋生出路，而且尚武豪横之风也受到民间百姓的崇拜。

受到当地风气熏染，柳开自幼也喜好操练武艺，"善射，喜弈棋"，具有明显的尚武倾向。特别值得一提的是，他从小胆气过人，所谓"有胆勇"。据《宋史》本传记载，后周末年，柳开之父任南乐县令。某日夜间，突然有强盗闯入宅院，家人都惊恐不已，年方 13 岁的柳开抽

1　《宋史》卷四三九《文苑传》"序"，第 12997 页。
2　《宋史》卷四四二《文苑传四·穆修》，第 13070 页。

剑就冲了过去。强盗只得翻墙逃跑，结果被他挥剑劈掉两个脚趾。[1] 由此可见，柳开从小就养成了强悍的性格与豪气，遇事敢作敢为，不计后果。故宋人称其自幼"警悟豪勇"。[2]

有关柳开年轻时为人豪爽的轶闻，见诸宋人笔记小说。如有记载称，日后贵为参知政事的赵昌言还是一介布衣时，出游河北途中听说柳开好周济朋友，便前去拜访，柳开热情接待并为新友向主持家事的叔父索钱。遭到拒绝后，柳开当晚竟在家中放了一把火，其叔父最终拗不过他的蛮横，只得拿出三百缗钱息事宁人。从此，柳开恣意施舍钱财，再无人敢拦。[3] 此事或有演绎成分，但另一条记载当属实：某日，柳开与朋友在酒肆畅饮，得知邻座一位来自京师的士人无钱安葬父母，因为此人"辞貌稍异"，便主动馈赠白银百余两、钱数万。"公（柳开）虽大族，然以重义好施，颇耗其家。"[4] 由此可见柳开喜交豪杰，甘为朋友倾囊解难，由此名声在外。

过人的文采，率直的性情，加上不甘人后的心态，造就了柳开特别强烈的功名心，"为人慷慨，喜功名，急

1　《宋史》卷四四〇《文苑传二·柳开》，第 13023—13024 页；并见张景《故如京使金紫光禄大夫检校使司空知沧州军州事兵马钤辖兼御史大夫上柱国河东县开国伯食邑九百户柳公行状》，《柳开集》附录，第 214 页。

2　王称撰，吴洪泽笺证《东都事略笺证》卷三八《柳开传》，第 444 页。

3　吴处厚：《青箱杂记》卷六，第 63—64 页。

4　《宋史》卷四四〇《文苑传二·柳开》，第 13028 页；并见张景《故如京使金紫光禄大夫检校使司空知沧州军州事兵马钤辖兼御史大夫上柱国河东县开国伯食邑九百户柳公行状》，《柳开集》附录，第 216 页。

义"。[1] 他不满足于仅仅扬名文坛，遂投身科举考试。开宝六年（973），他一举中第，时年 26 岁，是当时被录取的二十几名进士中的一位，可称得上科场得意。当年的柳开意气风发，自负文章无人可比。不过百年之后，沈括在《梦溪笔谈》中揶揄他不少。其事梗概是：柳开应举考试时，相当狂傲，将自己的千轴作品载于独轮车上，径直投于考官帘前，想以此惊世骇俗。另一位叫张景的考生，仅携文章一篇拜见考官。结果张景的名次居于柳开之上。因此当时人慨叹道："柳开千轴，不如张景一书。"[2] 此事真伪难辨，因为张景乃柳开门生，并在柳开死后为其整理文集。但有关类似的轶闻不少，只能说柳开张扬的性格不大为以后的士人所欣赏。

又据元人笔记称，柳开在当年赴京赶考途中曾干过一件骇人之事：柳开在一个驿舍听到有女子哀婉啼哭，询问得知女子的父亲曾是一位县令，在任时经常贪污，经手人则是家内一个仆人。如今离任途中，仆人竟挟持主人将女儿嫁给自己，县令无奈只得同意。柳开听罢勃然大怒，便出手打抱不平。当晚，他用匕首杀死恶仆，随之煮成一锅肉与那位贪官共同享用。[3] 这段故事的真实性颇令人怀疑，

1　马端临：《文献通考》卷二三三《经籍考六十·柳仲涂集一卷》，第 6376 页。

2　沈括：《梦溪笔谈》卷九，第 100 页。

3　有关此事，最早见于元人虞裕《谈撰》，后收入陶宗仪《说郛》卷三五下，《景印文渊阁四库全书》第 877 册，第 850 页。另雍正《山西通志》卷二三〇《杂志三》在记载相同史实后也注明来源为《虞裕谈撰》，《景印文渊阁四库全书》第 550 册，第 816 页。

但类似的传说，也反映柳开在后世心目中强烈的侠义与豪横的印象。

二 柳开的仕宦经历

柳开的仕宦经历，可谓颇为曲折沉浮。他入仕初期，官运一度顺畅，但随后便跌宕起伏，最终因困顿并终老于地方衙署，而抱恨终身。

柳开中举后，先在宋州做了五年多的司寇参军等幕职官。当时还是五代纷乱结束后不久，文教复兴刚刚起步，故官员素质普遍低下，各级衙门充斥着庸官俗吏。因此，柳开稍显才能就崭露头角，尤其是"以治狱称职"。[1] 太平兴国四年（979），宋太宗率大军征讨北汉，柳开奉命督运淮南粮草供应。第一次北伐辽朝行动以失败告终后，他升任知常州，不久又调任知润州，同时获得监察御史的官阶。在常州期间，其最突出的政绩是恩威并施，干练地剿灭了了当地的盗贼。几年后，再改任河北贝州的长吏，迁官殿中侍御史。[2] 由此看来，柳开到三十七八岁时，已经做过三任州级长官，与同辈文臣相比，毫不逊色。

柳开少年得志，加之多年养成率直放纵的习性，不免

1　《宋史》卷四四〇《文苑传二·柳开》，第 13024 页。

2　王称撰，吴洪泽笺证《东都事略笺证》卷三八《柳开传》，第 444—445 页；《宋史》卷四四〇《文苑传二·柳开》，第 13024 页。

大胆行事，最终为此付出代价。雍熙二年（985），在贝州任上不知何故，柳开与当地驻军的监军发生了冲突，因此被贬为上蔡县令。[1] 要说这次遭贬的原因，想必与他桀骜不驯的性情有关，很有可能是他违规干预军务，且态度粗暴。遭遇贬官处分后，自恃才高的柳开自然不甘心，遂寻求翻身之道。雍熙三年（986）三月，宋廷再次策划了三路北伐辽朝的战争。在北伐过程中，柳开曾随东路大军押运军粮。在即将抵达涿州时，大将米信遭到万余敌骑的阻击。当双方僵持不下之际，辽军派人前来请降。喜好兵略的柳开主动向米信献言："此兵法所谓无约而请和者也，彼将有谋。"他分析对方在使缓兵之计，因此建议立即大举进攻。但米信犹豫不决，两天后辽军果然再度发起猛攻，给宋军造成重大打击。[2]

宋军兵败班师后，柳开向朝廷上书，声言愿效死北疆。显然，他对米信不听其言耿耿于怀，也深刻体会到行伍出身将帅有勇无谋的弱点，于是对军旅生涯充满期待。宋太宗对他遭贬的事表示同情，下令官复其原职，不过对他的要求则未予满足。翌年五月间，柳开奉命出使河北。经历激烈战事之后，再巡查到前线的边防形势，他尚武的本性焕发出来，便不甘心继续从事地方文官的案牍琐事。回朝后，他再次上书朝廷："臣受非常恩，未有以报，年

1　李焘：《续资治通鉴长编》卷二八，雍熙四年五月乙丑，第637页。
2　李焘：《续资治通鉴长编》卷二七，雍熙三年四月乙卯，第613页。

裁四十，胆力方壮。今契丹未灭，愿陛下赐臣步骑数千，任以河北用兵之地，必能出生入死，为陛下复幽、蓟，虽身没战场，臣之愿也。"[1] 当时，正是第二次北伐失败后不久，朝野上下笼罩在一派悲观情绪之中，此时竟有文官自愿上前线任职，宋廷自然需要予以鼓励。宋太宗遂下诏：凡文臣有懂武略、善兵器者，愿改换武职，一律予以批准。于是，还有三位文官也表示愿意"投笔从戎"。宋廷便将四位文臣改换为武官，其中柳开由殿中侍御史转为崇仪使，出任知宁边军。[2] 宁边军虽属河北边境设置的地方机构，不过防务职责重于民事。在此需要说明，这时政坛的文武分工仍然相当严格，文臣可以转换为武官身份，但通常并不直接指挥作战。文官承担统军将帅角色的事，还是到宋真宗朝以后才真正出现。[3]

据记载，柳开到河北前线就职后，能镇定应对边防敌情，如：雍熙四年（987）九月，临近数州风传辽军即将来犯，都匆忙动手准备，以至于宋太宗也打算商议亲征，唯独柳开却不相信，并给主帅郭守文写信陈说防守诸事。事后果然得知属误传情报所致。他还发挥懂兵略的特长，向辽境展开分化瓦解工作。经察访，获悉一名汉人白万德已做了契丹将官，领有七百余帐军兵。柳开遂利用其亲属

1　《宋史》卷四四〇《文苑传二·柳开》，第13024页。

2　李焘：《续资治通鉴长编》卷二八，雍熙四年五月乙丑，第637页；《宋史》卷四四〇《文苑传二·柳开》，第13024—13025页。

3　参见陈峰《都部署与北宋武将地位的变迁》，《安徽师范大学学报》2001年第3期。

联络，以裂地封侯的条件要求白氏做内应，以配合进攻幽州。然而，当白某在同年年底派人来约定出兵日期时，柳开已被调往南方的全州任职，这一计划遂告寝。[1]

全州地处荆湖南路西南端，属多族群杂居之地。当时有粟姓部落数百人经常抄掠，前任一直无力解决。柳开既然无法在北疆战场驰骋，在此正可牛刀小试。他恩威并施，很快就招抚了边民，因此获得 30 万钱奖赏。[2] 但在全州期间，柳开强悍粗暴的作风又暴露出来。一名军卒因不服处罚，对其提起控诉，结果被他下令痛打一顿，又随意被刺字押送开封。正当柳开准备接任桂州知州时，军卒的冤情反映上来。当此之时，宋廷正大力整顿五代遗留下来的弊政陋习，禁止官员滥施刑罚。因此他受到查处，被连削两官，贬为复州团练副使。[3]

之后，柳开官复原职，继续以武职身份先后到陕西、河北数地任知州。在环州期间，针对边境贸易中存在的欺压其他部族的问题，他平衡物价，打击欺诈者，"部族然向化"。在赴任知邠州之初，环州农民被重复征调，数千人因无力承担繁重的负担，遂向他反映。柳开便给转运司去文要求停罢，他在文中向上司威胁要亲赴京师奏报，才取消了这一苛政。[4] 宋真宗登基后，柳开按例获得升迁，

1　李焘：《续资治通鉴长编》卷二八，雍熙四年九月辛巳，第 642 页。
2　李焘：《续资治通鉴长编》卷二八，雍熙四年十二月庚寅，第 642—643 页。
3　《宋史》卷四四〇《文苑传二·柳开》，第 13025 页。
4　李焘：《续资治通鉴长编》卷三五，淳化五年三月戊辰，第 776 页。

由崇仪使转为如京使，改知代州。这一年，他已 51 岁。在回朝述职期间，柳开曾向新皇帝上了一道奏疏，希望天子励精图治、宰执大臣恪守原则、边关武备不可松懈、地方衙门务汰冗员、官场浮躁尤当戒除等。[1] 遗憾的是，宋真宗对其洋洋洒洒的献言并未答复。不久，他改知忻州，面对辽军的不断南犯，又上疏议论御辽边事，并希望皇帝亲征河北。[2] 由此可见，柳开在政治上始终满怀抱负，一直关心边防，期望有所建树，同时为政大胆，敢于革除弊端，无所畏惧。

还值得一提的是，柳开性格豪爽，对晚辈热诚提携。如宋真宗、仁宗两朝的宰相李迪在出道前，曾携带自己的文章拜见柳开，就得到他的指点与赏识；[3] 名儒高弁年轻时，也曾随柳开学习古文；[4] 还有后来的翰林学士胥偃曾得到柳开的奖掖。[5]

从雍熙四年到咸平四年的十几年间，柳开在不文不武的岗位中忙碌，岁月不知不觉蹉跎过去，他便陷入了失意的困顿之中。蓦然回首，能引以为荣的武事活动，不过是曾联络过辽朝叛将、招抚过骚扰地方的边民之类几件事，

1　李焘：《续资治通鉴长编》卷四三，咸平元年十二月，第 923—925 页。

2　李焘：《续资治通鉴长编》卷四五，咸平二年十月癸酉，第 967 页。

3　《宋史》卷三〇〇《李迪传》，第 10171 页。曾巩《李文定公迪》则称李迪追随柳开学古文，杜大珪撰，顾宏义、苏贤校证《名臣碑传琬琰集校证》下集卷三，第 1781 页；并见邵伯温《邵氏闻见录》卷七，第 67 页。

4　《宋史》卷四三二《儒林传二·高弁》，第 12832 页。

5　《宋史》卷二九四《胥偃传》，第 9817 页。

而这与他转武的抱负与志向实在是相距甚远。于是，不平之气在他的笔下不时流露出来，"……舍羊犬猪用彪虎，气包茫昧廓区宇。刜发披缁心有取，蜕免羁局脱潜去。身投西佛学东鲁，尘视诸徒飙远举。狂呼饱醉贱今古，公室侯庭迎走户。如攀乔柯腰俯偻，搜经抉诰将完补。声号大荒铿簧虡，笔诟斯冰卑尔汝。戟枝曳阵孰御侮，二十游秦老还楚……"[1] 这些诗句道出了他豪放不羁又心存不甘的郁闷心境。咸平四年（1001），柳开死于调任沧州途中，时年 54 岁。柳开因生前官至如京使，故后世称其为柳如京。

三　有关柳开不利的传闻及仕途受挫的原因

自古宦海无常，起伏本是免不了的现象，就个体而言却也总有内在的特殊原因可寻。柳开坎坷的仕途生涯及其结局，便与其自身行事风格的影响有关，与此同时也与宋初的朝政路线背景脱不了关系。而有关柳开的各种不利的传闻或真或假，流传甚广，成为进一步了解其人遭际的重要依据。

有关柳开的传闻在宋代很多，大都是关于其为人豪横的方面，《宋史》及柳开弟子写的《行状》虽颇有隐讳，但在宋人其他资料记载中相当多见。如笔记小说有这样两

1　《柳开集》卷一三《赠梦英诗》，第 179 页。

条：其一，柳开与潘阆为莫逆之交，柳开某次途经扬州，潘氏与他相聚，驿站中有间房大门紧锁，据说以往客人凡住宿于此无不惊吓，柳开得知后便对众人说："吾文章可以惊鬼神，胆气可以詟夷夏，何畏哉！"随之破门而入，晚间，潘阆爬进屋内梁上，装神弄鬼，柳开竟被唬住，一再告饶；[1]其二，主管漕运的江淮发运使胡旦自命不凡，好以文章动天下，胡旦自比孔子，作《汉春秋》，书成之日，邀柳开赴金山上欣赏，柳开一看就拔剑怒骂："小子乱常，名教之罪人也，生民以来未有如夫子者……尔何辈？辄敢窃圣经之名冠于篇首！今日聊赠一剑，以为后世狂斐之戒！"言罢，他拔剑追赶对方，胡旦吓得落荒而逃。[2]这两条记载，便意在嘲讽柳开的胆大张狂。

类似的记载还有不少。据说，柳开在润州任内还做过一件出格的事：当地有位钱姓供奉官，是归顺朝廷的吴越王的近亲。某日，柳开到钱家见到一幅美人图，得知画中人是钱某之妹，他便不顾钱某的反对，竟强行将钱家小姐娶到家里。事后钱父向皇帝控诉，不料宋太宗竟安慰道，柳开"真奇杰之士也，卿家可谓得嘉婿矣，吾为卿媒可乎？"钱父只得罢休。[3]此事无论是否有夸张演绎的成分，却都从侧面反映出柳开在人们印象中的强横形象。

如果柳开的弱点仅此还不算过分，但他嗜食人肝的

1　文莹：《湘山野录·续录》，第74—75页。
2　文莹：《玉壶清话》卷三，第29—30页。
3　彭乘：《墨客挥犀》卷四，孔凡礼点校，中华书局，2002，第320页。

传闻则更令人发指。据说，在全州期间，柳开常传令将抓获的作乱边民押到宴席前，竟当着下属的面命令士卒剥取俘虏的肝脏，然后用佩刀将人肝切成小块抹上食盐饱餐一顿。后来，他调任荆州，仍然喜食人肝，每听说邻州有罪犯被斩，立即派健卒跑去挖取肝脏。[1] 据记载，宋太宗得知在陕西任职的柳开"喜生脍人肝，且多不法，谓尚仍五季乱习，怒甚"，特派郑文宝前往惩治。[2] 这种事在唐末五代乱世时并不稀见，当年许多人都相信生吃人肝，可以增添胆气的说法，其中最出名的就是后汉时的藩镇将帅赵思绾所为。史称赵思绾喜食人肝，常就着酒水吞食，他还宣称："吞此至一千，即胆气无敌矣！"[3] 还有正面的记载也与此有关：一个叫张藏英的人，幼年时父亲遭到惨杀，他长大后立志报仇，不仅手刃仇人祭奠亡父，而且挖出其心肝生吃下去，因此博得"报仇张孝子"的美名。[4]

　　想当年，生灵涂炭，法纪荡然无存，生命在强者眼里已失去了宝贵的价值。一些军阀还以杀人来补充短缺的军粮，甚至出现儿子杀死母亲的人伦悲剧。对于前代战乱中出现的父子相残的极端现象，宋代理学家深叹"天理灭绝""三纲沦丧"。欧阳修在《新五代史》中则评论道：

1　江少虞：《宋朝事实类苑》卷七四，上海古籍出版社，1981，第986页。

2　蔡絛：《铁围山丛谈》卷三，第46页。

3　《旧五代史》卷一〇九《赵思绾传》，第1442页。

4　司马光：《涑水记闻》卷二，第40页。

> 自唐之衰，干戈饥馑，父不得育其子，子不得养
> 其亲。其始也，骨肉不能相保，盖出于不幸，因之礼
> 义日以废，恩爱日以薄，其习久而遂以大坏，至于父
> 子之间，自相贼害。[1]

这样看来，有关柳开吃过人肝的事，确有可能发生，大约秉承前世遗风，不过是否如此嗜食，不免令人生疑。姑且不计嗜食人肝的行为是否一直延续，柳开作风一贯豪横的事实却进一步得到印证。

根据以上仕宦经历与传闻，不难发现柳开仕途受挫的原因主要有以下两方面。一方面，柳开作为文臣，在仕途上大致顺畅，并不逊于他人，转换武职后却多年徘徊，升迁缓慢，而这与大的时代背景自然有关。柳开脱离文职后，志在北伐与军功，以此为奋斗目标，但恰恰是无法实现的结果。当时，宋朝国家路线及价值取向已经发生转型，即放弃主动北伐战略，转而以维护内部统治与建设为发展方向，如此一来，再怀抱军功梦想来博取远大前程，就自然不合时宜了。[2]柳开身后，朝野议论燕云议题时，他的名字偶尔还会被提及。直到南宋后期，柳开收复燕云的志向依然得到民间的认可，以至于出现这样的对联：

1　《新五代史》卷五一《范延光传》，第 581 页。

2　参阅陈峰《宋代主流意识支配下的武力战争观及其实践》，《历史研究》2009 年第 2 期。

"在兵间而熟西事者尹洙也；请精骑而复燕云者柳开也。"[1]

另一方面，柳开性格鲜明，他狂傲不羁的作风与勇气固然可以在文学上产生创新成就，但通常在官场上显得有些另类，很容易遭人忌恨，特别是豪横粗暴的行为习气更会惹来非议和麻烦。但他我行我素，遇事使气任性，不在意他人观感，随意鞭笞部属，以至于时有过激的举动发生，从而被视为争议性的人物。于是，这便成为影响其仕途的重要障碍，注定其倒运。

四　柳开与宋初士林的豪横之气

柳开的事迹及遭遇是宋代历史上一个耐人寻味的话题，在当时已引起许多的议论，在以后也是研究宋代政治史及士大夫问题的一个重要个案。更值得关注的是，柳开之能保持自己的个性与从政风格，既在于本性使然，也是多年风气习惯熏染的结果。由此，在解析柳开个案的基础上，可进而观察到宋初士人中存在的豪横习气与士风演化的端倪。

宋朝开国的背景，无疑是影响宋初士风的重要因素。众所周知，唐末战乱不已，"五代以来，四方多事，时君

1　《群书会元截江网》卷二一《儒将》，《景印文渊阁四库全书》第934册，第310页。

尚武，不暇向学"。[1] 因此，文臣仰承武夫悍将鼻息，自保心理明显，如冯道之类典型人物的行为，同时也有许多士人学子转向习武，崇尚军功。如"后唐庄宗入魏，河朔游士，多自效军门"。[2] 历仕三朝节镇的焦继勋早年喜好读书，之后却弃文从武，如其所言："大丈夫当立功异域，取万户侯，岂能孜孜事笔砚哉？"[3] 这就难怪当时的士风深受影响，士人既无法坚守传统的道德规范，从一而终，其行为也沾染了不少乱世兵伍陋习，行事多不守规矩。如果说当时暴政乱刑肆虐，所谓"淫刑之兴，近闻数等，盖缘外地不守通规，或以长钉贯人手足，或以短刀脔人肌肤"，[4] 其间也不乏许多文官的参与。而成长于五代岁月的文臣士人，入宋以后也必然或多或少将这种风气延续下来。

在宋初政坛，有许多士人身上流露出类似柳开的某些特点：敢作敢为，又不免过分率性，包括当时一些颇有名望的文臣。如生于五代末年的张咏，性情与柳开相近，自幼学习剑术，"少任气，不拘小节""慷慨好大言，乐为奇节"，曾仗义斩杀过挟持某士人的恶仆。科举入仕后，他以强干出名，所谓"刚方自任，为治尚严猛"。在知益州期间，曾屡次擅自杀死逃兵与奸吏。[5] 王嗣宗在宋

1　范祖禹：《帝学》卷三，《景印文渊阁四库全书》第 696 册，第 745 页。
2　《宋史》卷二六三《张昭传》，第 9086 页。
3　《宋史》卷二六一《焦继勋传》，第 9042 页。
4　《宋史》卷二六三《窦仪传附窦俨》，第 9095 页。
5　《宋史》卷二九三《张咏传》，第 9800—9803 页。

太祖朝应举，殿试成绩与赵昌言不相上下，仅因皇帝一句搏斗胜者可得之的戏言，就在殿前与赵昌言大打出手，终以拳脚博取状元桂冠。宋太宗朝，他出知横州，赵光义派武德军卒赴岭南暗中查访，他竟将到本地的这些天子耳目抓起来杖打，然后"械送阙下"，引得宋太宗暴怒不已。[1] 至于宋太宗朝宰相张齐贤，"偶傥落拓"，青少年时代便胆识过人，曾主动踏入群盗聚餐的店铺讨要酒食，并称兄道弟。宋太祖出巡洛阳期间，他曾献策于马前，还在宋太祖"柱斧"的敲打下边吃边说，"略无惧色"。[2] 当雍熙北伐大败之余，他在代州敢于冒险用兵，击退了辽军的进犯。[3] 但在退居地方官后，"傥荡任情，获劫盗或时纵遣之"。[4] 历仕宋太宗、真宗两朝的宰执名臣寇准，"少时不修小节，颇爱飞鹰走狗"[5]"少年富贵，性豪侈"，为政作风一贯强硬，遇事不仅无忌同僚的感受，甚至敢于当面顶撞皇帝。[6] 宋太宗朝的执政大臣赵昌言，性格豪放，"强力尚气概，当官无所顾避，所至以威断立名，虽屡经摒斥，未尝少自抑损"。曾在任枢密副使期间，经常在家中彻夜与

1　司马光：《涑水记闻》卷三，第 47 页。

2　司马光：《涑水记闻》卷七，第 132—133 页；邵伯温：《邵氏闻见录》卷七，第 68 页。

3　《宋史》卷二六五《张齐贤传》，第 9153—9154 页。

4　司马光：《涑水记闻》卷七，第 139 页。

5　司马光：《涑水记闻》卷七，第 131 页。

6　《宋史》卷二八一《寇准传》，第 9534 页。

胡旦等四位官员聚会筹划，无所顾忌。[1]还有著述丰硕的许洞，"性疏隽，幼时习弓矢击刺之伎"。咸平中，他以进士身份为州郡推官，某次赴州衙时，见有军卒"踞坐不起"，便当即动手杖打，并行文责备知州马知节，其"狂狷不逊"的举动惹怒了武将马知节，最终遭到除名。[2]这些都说明宋初许多士人身上散发着豪横之气。

而一些才学超群的文士，不仅举止乖张，而且行为多有粗暴、放纵之处，颇乏传统规范约束。如宋初著名的词臣梁周翰，曾出任翰林学士一职，写得一手好文章，其《五凤楼赋》曾传诵一时。但此人脾性暴戾，"临事过于严暴"，在地方官任内，动辄体罚下属，并因杖杀人命遭到贬官处分。之后，他在任绫锦院监官期间，又对手下工匠滥施杖罚，结果又被控诉到朝廷。宋太祖听闻其屡教不改，怒不可遏，立即下令将其抓来，震怒之下几乎也要教训梁某饱尝棍棒的滋味。[3]后周时的翰林学士王著，在宋太祖朝得以留任，并主持过两次科举考试，可称得上士林俊杰。但他值宿禁中时，好放纵饮酒，曾在醉酒"发倒垂被面"之后，竟敢深夜叩打宫门求见，结果被恼怒的宋太祖一并追究其醉宿娼妓家诸事，加以贬官。[4]后周时进士出身的郭昱，"好为古文，狭中诡僻"，入宋后行为依旧

1 《宋史》卷二六七《赵昌言传》，第 9198、9195 页。

2 《宋史》卷四四一《文苑传三·许洞》，第 13044 页。

3 《宋史》卷四三九《文苑传一·梁周翰》，第 13003—13005 页。

4 《宋史》卷二六九《王著传》，第 9241 页。

狂傲放荡，在随大将潘美出征南唐期间，"中夜被酒号叫，军中皆惊"。[1] 宋太宗朝科举状元出身的胡旦，辞藻名噪一时，却更是行为张狂，在任升州通判时，曾一次勒令将还俗的大批僧人黥为兵卒，引发不小震动。又在出知海州期间，"沉湎于酒，恣行鞭扑"，还肆意侵盗官钱。连宋太宗也指责他"年少气锐，所为不法""历试外任，所至无善状"。[2] 晚年时，他还"干扰州县，持吏短长，为时论所薄"。[3] 再如潘阆，号逍遥子，与柳开都属大名同乡，能诗善歌，但性格疏狂，非安分之辈，曾因"所为狂妄"的缘故被宋太宗剥夺了进士身份，两次坐事亡命，直到宋真宗朝才赦免其罪。[4] 潘阆曾有诗云："散拽禅师来蹴踘，乱拖游女上秋千。""出砒霜，价钱可。赢得拨灰兼弄火，畅杀我。"可谓放荡无忌，因此为时论所不齿。[5] 通过这些例证，可进一步反映宋初许多文坛翘楚还染有五代乱世的习气。

　　需要指出的是，当时的一些著名士人积习已久，加之社会处于新旧交替之际，因此对过分的举止并不以为怪，他们甚至互为欣赏，又相互影响。如梁周翰、潘阆与胡旦等人都与柳开颇有交情，都以豪杰自居，好大言凌物，虽

1　《宋史》卷四三九《文苑传一·郭昱》，第13011页。

2　钱若水修，范学辉校注《宋太宗皇帝实录校注》卷二七，第89—90页。

3　《宋史》卷四三二《儒林传二·胡旦》，第12830页。

4　李焘：《续资治通鉴长编》卷三七，至道元年四月丙申，第812页；卷四一，至道三年五月甲戌，第866页；文莹：《湘山野录》卷下，第54—55页。

5　沈括：《梦溪笔谈》卷二五，第243页。彭乘《墨客挥犀》卷一记载诗句略异，第286页。

几遭贬责却不知收敛，可谓"物以类聚"。梁、潘及胡氏三位不必多说，此外还有宋初宰相范质之侄范杲其人，以擅长古文名扬一时，然而为人颇受争议，与柳开关系密切，互为赏识，所谓"性虚诞，与人交，好面誉背非，惟与柳开善，更相引重，始终无间"。[1]

由此看来，宋初士人中染有五代遗风者不少，诚如朱熹所评说："国初人才，是五代时已生得了。"[2] 由此显现的当时的士风可谓依旧粗糙，还缺乏足够的自省修养和彬彬有礼的风范。但随着乱世的结束，宋统治者也开始着手整顿秩序，树规立矩，加强法纪建设。宋太祖称帝后，一方面收兵权，对骄兵悍将逞强的恶习厉行打压；另一方面则提倡儒家道德伦理，力图扭转以往的社会风气，以重振纲纪。宋太宗登基初即宣示："先皇帝创业垂二十年，事为之防，曲为之制，纪律已定，物有其常。谨当遵承，不敢逾越。"[3] 进一步加强统治秩序的建设。随着第二次北伐的失败，宋统治者将施政的重点转向内部，"因循""防弊"成为重要信条，同时推行崇文路线，打压尚武意识。用朱熹批评的话说就是：太宗一朝"不过写字作诗，君臣之间以此度日而已"。[4] 宋真宗即位伊始，也宣称："朕每念太祖、太宗丕变衰俗，崇尚斯文，垂世教人，实有深意。朕

1　《宋史》卷二四九《范质传附兄子杲》，第8799页。

2　黎靖德编《朱子语类》卷一二九《本朝三·自国初至熙宁人物》，第3085页。

3　李焘：《续资治通鉴长编》卷一七，开宝九年十月乙卯，第382页。

4　黎靖德编《朱子语类》卷一二七《本朝一·太宗真宗朝》，第3044页。

谨遵圣训，绍继前烈……"[1]继续深化既有方针。在此形势发展下，政治氛围与五代相比发生了深刻的转变，官员们顺应专制集权的要求，大多数人在意识与行为上便不断加以注意，逐渐放弃大胆率直的从政风格。因此，宋初的上层官僚大都趋向因循保守，以谨慎为居官要务。如在宋太祖朝"为政颇专"的元勋赵普，在宋太宗朝复相后就稍改昔日强硬的作风，晚年还做出"手不释卷"的姿态；[2]更典型者如沈义伦，"然十年相位但龊龊固宠，不能有所建明"；[3]李昉"循谨自守，无赫赫称"；[4]吕蒙正"质厚宽简"，唯一味稳重；[5]贾黄中更是"专务循默，无所发明"，以至于连宋太宗也觉得过分；[6]李沆则"居位慎密，不求声誉，动遵条制"，号"无口匏"。[7]元人修史时即评说道："有是君则有是臣，有是臣则足以相是君也。"[8]而那些举止夹杂豪横之气，不知收敛的臣僚，即使仅仅是停留在从政风格与生活细节的层面，绝无犯上之乱之嫌，通常都会受到压制，如寇准即因过分张扬屡遭贬责；张咏资历再多，终难

1　李攸：《宋朝事实》卷三《圣学》，《丛书集成初编》第833册，第38页。

2　《宋史》卷二五六《赵普传》，第8932—8940页。

3　钱若水修，范学辉校注《宋太宗皇帝实录校注》卷四二，第514页。

4　《宋史》卷二六五《李昉传》，第9138页；钱若水修，范学辉校注《宋太宗皇帝实录校注》卷七六，第658页。

5　《宋史》卷二六五《吕蒙正传》，第9146页。

6　《宋史》卷二六五《贾黄中传》，第9160—9162页；钱若水修，范学辉校注《宋太宗皇帝实录校注》卷七六，第651页。

7　《宋史》卷二八二《李沆传》，第9540、9541页。

8　《宋史》卷二六五"论曰"，第9163页。

进入执政行列；赵昌言虽政绩不俗，却因好出风头而难以久居庙堂。[1]

在政治气候变化之下，士人在身心上自然也潜移默化地发生转变，而世风亦紧随其后。可以说，从宋太宗朝后期以降，主流的士风已日渐远离了五代风气，于是，柳开特立独行的风格与仕宦经历，使他远离了大多数文臣，过于豪爽甚至暴戾的脾性，也受到不少的疑问和指责。特别是到北宋中叶，随着社会理性的回归和文明程度的提高，士人不仅高扬重振儒学的大旗，而且愈益讲求行为修养，谁若再有豪横越轨的举动自然难容公议。确如元代史家所观察到的："太宗、真宗其在藩邸，已有好学之名，作其即位，弥文日增。自时厥后，子孙相承，上之为人君者，无不典学；下之为人臣者，自宰相以至令录，无不擢科，海内文士彬彬辈出焉。"[2] 又如苏辙在宋仁宗朝制科试卷中所说"今陛下公卿满朝，进趋揖让，文学言语，上可以不愧于古人，而下可以远过于近世者"云云。[3] 因此，已故多年的柳开便成为"性凶恶"的怪人，文人士大夫对其多持讥讽态度，各种版本的传言遂流散开来，以至于真假难辨。

总之，柳开虽然在文学上富有创新，但在行为上拖

1　见《宋史》卷二八一《寇准传》、卷二九三《张詠传》、卷二六七《赵昌言传》，第 9527—9534、9800—9804、9194—9198 页。

2　《宋史》卷四三九《文苑传一》"序"，第 12997 页。

3　苏辙：《栾城应诏集》卷一二《御试制策》，《苏辙集》，第 1358 页。

着过多旧时代的习气。南宋人即指出："本朝为古文，自（柳）开始，然其体艰涩，为人慷慨，喜功名急义，史亦称其傲狠强愎云。"[1] 最终，他留给后世的遗产，不是微不足道的军功事迹，而是不同凡响的文学作品。

1　马端临：《文献通考》卷二三三《经籍考六十·柳仲涂集一卷》，第 6376 页。

寻访米芾的行踪与隐情

对于宋代书画家米芾（字元章），后世印象最深的恐怕莫过于两点。其一，艺术成就巨大，且影响深远。明初著名文臣宋濂曾评说米芾书品："如李白醉中赋诗，虽其姿态倾倒，不拘礼法，而口中所吐，皆成五色文。"诸如明朝文徵明、徐渭、董其昌与清代傅山、王文治、翁同龢等书法大家的作品，多少都能看到米芾的踪影。现代书坛名家启功在目睹其《研山铭》后，也叹为观止。其二，性情怪异、癫狂，乃至于可爱。如米芾遇见奇石，便拜倒称兄。他还常穿戴古怪，出门遭到围观，却神情自若，腔调清亮，故世称"米癫"。米芾的这两点固已成为鲜明的身份标识，尤其是后者更为世人津津乐道，无外乎感叹其痴迷创作到了异于常人的地步，与现代西方后印象派画家梵高之行为离奇相类。然而，这些行踪背后的更多隐情，又有多少人能知解？

传统社会最讲究出身，米芾在这一点上存在明显不足，家世既寻常，本人又无科举背景，若仅凭书画天分，他终究不过在民间出名，只能靠卖艺为生。或许冥冥之中天意眷顾，米芾的母亲有缘被召入尚居藩王之位的英宗府邸，侍奉夫人，说句俗话就是在王府做老妈子，米芾遂在少年时代随母进入京城，大开了眼界。据《宋史·米芾传》记载，神宗登基后，出于对米芾母亲辛劳的酬谢，赐给米芾一个县尉的官职，他由此从一介平民挤入仕途。不过，在宋朝进士出身的士大夫眼里，他的出身实属卑微，由此做官者常被归入佞幸之列，若想要在政界出人头地并不容易。

米芾是个聪明绝顶的人，自幼苦学书画，旁及诗文，不仅弄墨成瘾，也视其为一生的追求，这就不至于茫然混迹官场，落得扬短避长的下场。从各种史籍记载可知，米芾日积月累地临摹前人名作，如他自述所称"一日不书，便觉思涩"，同时更潜心揣摩其中要义。米芾在书法上尤其受益于王羲之、献之父子的笔意，在绘画上则吸纳五代董源等人的意趣，终以特立独行的书艺与"米点山水"的画风著称于世。米芾还写有《书史》、《画史》、《砚史》、《论书》及《杂书》等著述，又以理论见识超越前人。令人感慨的是，"琴棋书画"的技艺，在古代民间艺人身上常被称作匠气，搁在文人手里就成了修养。当米芾在书画上施展才华并达到出类拔萃的境界时，便得到士林的接纳，其书法成就竟与蔡襄、苏轼、黄庭坚三位著名的士人齐名，后世并称四人为"宋四家"。米芾的文字功夫看来也不同寻常，当年，宰相王安石还摘取米芾的诗句，写于自己的扇面上，就连苏东坡看到都颇为欣赏，他就此越发出名。由此可见，生逢崇文时代的米芾，其天资、勤奋、执着、机遇与士人身份这些因素叠加在一起，都造就了他一流艺术家的声誉，从而成为彼时文人雅士结交的对象。

但凡世人痴迷于某物，必欲占有，动情至深，则往往积习成癖。米芾既专情于书画，揣摩日久，自然也精通鉴赏。由鉴赏而至收藏玩赏，便成为米芾最大的癖好。米芾收入丰厚，有条件收藏，加之不遗余力甚或不择手段地搜集古董字画，遂以收藏之精闻名于世。

有关米芾收藏的趣闻，散见于宋代官私记载。据苏轼在所写笔记中记述，自己曾怀疑米芾收藏的前代书帖真伪参半。某日，苏轼与友人一同去米芾家拜访，米芾展示出王羲之、献之父子及怀素等人的名帖十余幅，苏轼这才释去疑心，明白他平日拿出的赝品是应付俗人之用。[1] 米芾为了获得藏品，也做过梁上君子。据《清波杂志》反映，

1　此事载于《景印文渊阁四库全书》本《东坡志林》，现通行的中华书局点校本《东坡志林》未收。

米芾曾借他人的古画临摹，因为他的画技实在高超，其摹本竟与真作难以区分。米芾于是将原作与自己的摹本一并拿给主人，主人不明就里，取回的往往是其中的赝品，他就此增添了不少藏品。由此可见，某些名家偷天换日的恶习，在米芾身上亦未能免俗。其实，生活上的洁癖与品行上的高洁并不一定相通，故若用高洁一词称米芾其人，就不免过矣。

据说，米芾有洁癖，有时为此又不得不放弃爱物。宋人笔记有条记载说，一位曾与米芾交往过的文臣后代提及一段往事：曾祖因与米芾私交甚好，凡有收获字画，随他挑选拿走。某日，这位文臣来访，米芾炫耀收得一方世间罕见的砚台。来客却称米芾的藏品真假难辨，不过善于吹嘘。米芾一听立即去取，来客故意索要手巾擦手，做出一副恭敬的样子。米芾得意地捧出名砚，来客一面大加赞赏，一面要求研墨测试。水还没送到，来客竟将唾沫吐在砚台里磨墨，米芾一看大惊，称此砚已被玷污，不能用了，只能送给来人。来客本意是测试主人的洁癖，不承想玩笑开过头了。

米芾艺术活动的巅峰是在宋徽宗时代，当年他的作品不仅在社会上名噪一时，更得到了宫廷与达官贵人的赏识，可以说其身价罕有人可匹敌。这就值得玩味，因为此时正是北宋统治最腐朽、黑暗的末年，而米芾书画的影响力却能如此之大，便不能不引人深思。

作为官场中人，米芾的仕途并不得意，这大概是他最引以为憾的事。他从神宗时期入仕，又历经了哲宗、徽宗两朝，除了几任县尉、知县和小郡长吏之类的官职外，值得一提的便是书画学博士，即朝廷书画院的教官，最终的官阶不过是礼部员外郎。米芾之所以如此，可想而知：一方面应与其不善政务有关，既然一门心思埋头于创作天地，自然无暇顾及烦琐的衙门事务；另一方面，米芾大概也不愿放下身段应酬凡夫俗吏，势必加深了外人眼中的"癫狂"印象。这就难怪其始终徘徊于下僚之位。米芾最称职的官位，就数书画院的教职，不过这一角色归属技术官系列，通常受到政界主流的歧视，他也就无法获得满足感。米芾有时不甘心，还幻想获得重用。据蔡京之子蔡绦的《铁围山丛谈》记载，米芾曾经给宰相蔡京及其他大臣投书，诉说自己在京师与外地做官，推荐的朝官不下数十人，从无人称自己"癫"。这些书信内容传出后，被人笑称为"辩癫帖"。其实世间事从来是一得一失，高明的艺术家与娴熟的政客原本就难以一身兼容，事实上这两类品质还往往存在冲突。艺术家米芾的仕宦宿命如此，也就不足为怪。

上品书画任谁都无法拒绝，米芾因此受到了上流社会的推崇，其字画可谓一纸难求。如此一来，米芾举止癫狂倒获得世人的谅解，甚至被视为超凡脱俗的体现，在朋友眼中更显得分外可爱。苏东坡在扬州任内，曾邀集十余位名士聚会，酒过半场时，在座的米芾忽然站起来说：世人皆以我为癫，愿闻苏公评判。苏轼笑称和众人看法一致，满座听罢捧腹倾倒。宋人《避暑录话》记载，元祐年间，米芾在某地任知县，老友苏轼途经此地，米芾一边设宴款待，一边拿出笔墨纸砚。于是两人一边饮酒，一边挥毫书写，直至暮色降临。曲终人散之际，他们互相交换作品，皆以为是平生少有的佳作。可见英雄相惜，米芾绝非浪得虚名。

宋徽宗酷爱丹青，米芾因此得到青睐，有幸出没于深宫。有关他与徽宗之间的故事，多见诸宋朝笔记小说。如有记载称，徽宗曾问米芾对当代书法名家的评价，他答道："蔡京不得笔，蔡卞得笔而乏逸韵，蔡襄勒字，沈辽排字，黄庭坚描字，苏轼画字。"徽宗接着问米芾自己的字如何，他说是"刷字"，亦即落笔迅疾而遒劲。言下之意，众人皆不在话下，可见米芾在书艺上极为自负。当初，徽宗听说米芾大名后，曾在宫中铺开两丈见方的绢面，再提供玛瑙砚、李廷珪（著名制墨家）墨、牙管笔、金砚匣及玉镇纸之类稀有文具，然后召他前来挥毫，徽宗则隐身帘后观赏。米芾来后提笔便写，并不时在绢上来回跳跃，"落笔如云，龙蛇飞舞"。得知皇帝在身后帘内时，他回头大呼道："奇绝，陛下！"徽宗看了大喜，当即将那些贵重的笔墨用具赏赐给他，随后宣其为书画学博士。徽宗某日游后苑，突然心血来潮唤米芾前来，要求在卷轴上书写。米芾挽袖舐笔，大书二十个字："目眩九光开，云蒸步起雷。不知天近远，亲见玉皇来。"逢迎、赞颂的文辞与精绝、酣畅的笔法相交，惹得徽宗欢心，当即又大加赏赐。更夸张的记载是，米芾有次上殿议事完毕，徽宗看到他手里的札子，咳嗽着令他继续留位。米芾猜到皇帝想要，却不愿放手，就故意对宦官称皇帝叫拿唾盂。他说此话的意思，听起来是皇上不必用自己的纸札接痰，言外之意则是舍不得自己的笔墨。侍从官员眼见如此，马上要予以弹劾，徽宗只得说才俊不可用常人礼法管束。又一日，徽宗与蔡京谈论书道，再召米芾在一面大屏风上题写。米芾写毕，对用过的端砚爱不释手，于是捧砚跪称此物经他人濡染，不堪为君王再用，请求赏赐。徽宗听罢大笑，答应了他的要求。于是，米芾喜笑颜开地抱着端砚就走，全然不顾墨汁洒满袖袍。徽宗对蔡京说，看来米芾癫名不虚。蔡京随即附和赞叹。如此看来，米芾从宫廷获取的收益肯定不菲，仅据宋人《可书》反映，米芾某次书写御用四扇屏风后，就收到九百两白银的酬谢。单就这一笔收入而言，米芾即可在京城周边购买三四百亩良田，其他累积获利之巨，可想而知。

正所谓"上有所好，下必甚焉"。米芾深得帝王的赏识，达官贵人当然对他也趋之若鹜。当年，权势熏天的宰相蔡京一家与米芾便有交情。还是据蔡京之子蔡絛记述，米芾好古博雅，世人皆认为其癫狂不羁，蔡京则极为喜爱。米芾升为礼部员外郎后，因举止出格被弹劾出京，他在途中给蔡京写信诉说流落之苦，信中提到举家二十余口到运河码头，只找到一叶小舟，并在信中画出小船模样。蔡京看了这封信忍俊不禁，笑称要将此帖收藏起来。据说，蔡京长子、徽宗宠臣蔡攸乘船途经真州（今江苏省仪征市）时，米芾前往拜访。蔡攸给他炫耀王羲之的《王略帖》，他一见大惊，顿时恳求以自己其他名帖交换，但遭到拒绝。米芾眼见与此帖失之交臂，遂说若不答应就投江而死，随之大呼着跑到船舷要跳。蔡攸无奈，只得同意出手。此事宋人《石林燕语》有过考证，《王略帖》乃米芾用一百五十贯钱所购，《谢安帖》则是从蔡攸手中所得。或许蔡絛笔误，又可能故意混淆，不过米芾能从豪门蔡府无偿索得东晋名帖倒是不假。

　　人性的一大弱点是易受诱惑，尤其是当诱惑释放出巨大的能量时，往往就难以抗拒。米芾在仕途碰壁后，唯有以才艺自矜，自然最在意外人对自己艺术声名的认可，因为这是对他一生付出的回报。其实名与利从来密不可分，特别是书画家的名气越大，收益也越大。至于收藏古董字画，也离不开财力的支撑。如此一来，米芾同样为名利二字所惑，而最佳的解决之道是依靠有钱有势的上层追捧。于是为了名利双收，米芾混迹于权势圈子，以至于不能自拔。在帝王、权贵面前，米芾显现的癫狂举止，多少也有装傻的意味，几同于时下的卖萌，以讨对方欢心，来博取自己所需。

　　理想与现实从来相距甚远，自古一代代学子受教于圣贤书中的道理，俨然以"修齐治平"为人生的目标。然而在纷繁复杂的现实生活中，有多少人为生计所困，又有多少人为富贵所惑，还有多少人为权势所迫，最终大多数人都不免走向功利，所谓"读书只为稻粱谋"。米芾与当权者交往，有不得已之处，或许还夹杂有玩世不恭的心态，亦难求全责备。

米芾在晚年写有《减字木兰花·平生真赏》一词，其全文如下："平生真赏。纸上龙蛇三五行。富贵功名。老境谁堪宠辱惊。寸心谁语。只有当年袁与许。归到寥阳。玉简霞衣侍帝旁。"字里行间，五味杂陈，既有对自己才艺、荣华的炫耀，也有对人生宠辱的感叹，又流露出几许难言的无奈，实在是"寸心谁语"。不过，与唐玄宗身边近乎弄臣的大诗人李白的结局相比，米芾已经是万幸了，若再与那些籍籍无名的民间书画家的归宿相较，米芾更应该知足，因为他已留名千古。

后 记

　　这本小书收录了我发表的 16 篇作品，既有专业性期刊上的论文，也有报刊上的文章，虽各有侧重且长短不一，但大致可以折射出宋朝文治的特点及其影响。诸如：宋朝求稳压倒一切的政治导向，得失兼有；而宋朝政治的包容特点，体现了开明与专制之间的内在联系；宋朝开国伊始，宋太祖便通过四临国子监的姿态，向天下释放对文教的重视；北宋中叶以降，在士人的逐渐改造下，国初历史的记忆已被赋予了"崇文"的气象；与以往王朝相比，宋代的文武关系呈现出相当大的不同；从宋初猛将呼延赞、北宋中期儒将张亢两人的生平事迹，可以观察宋朝抑制军功的部分动因；宋朝军功集团在政治上的消亡，不仅终结了"出将入相"现象，巩固了文官士大夫政治，而且对国家的发展走向产生重要的影响；宋代科举制是选官的要途，由此造就的文官士大夫群体既具有担当的时代特征，也同样存在自身固有的弱点；宋朝官员的晋升规则可谓周密，但也暴露出流于形式的弊端，尤其是在秩序混乱阶段更为严重；宋太宗创制的"平戎万全阵"，看似可以全能应对边患，实则是消极防御思想的产物；宋真宗在底线上下的摇摆，宋仁宗"仁孝宽裕"的特点，都对当时的朝政产生了颇大的影响；宋初文士柳开身上的"豪横"气息，北宋晚期杰出书画家米芾的境遇，适可反映文治路线演变背景下不同人的遭际。通过对这些现象的解析，有宋一代鲜明的时代特征得以彰显。

本书虽然体量不大，行文风格也有不一致之处，却多少能展现宋代历史演进的某些特点。是否能够如愿，希望得到读者的批评！

在拙作付梓之际，我要表达对多位的谢意。首先，感谢社会科学文献出版社编辑郑庆寰的厚意，这才有了小书出版的机会，其实书名也是采纳了他的建议。其次，我的在读博士生蒲圣、肖晓凡、王婷，硕士生孙鑫杰、雷叶晨等几位同学，帮助我对本书的注文做了认真的核校工作，在此一并表示感谢！最后，还要谢谢责编窦知远付出的辛劳！

陈　峰

2024 年冬于终南山下梅园

图书在版编目（CIP）数据

文治天下：宋朝政治文化漫谈 / 陈峰著 . -- 北京：
社会科学文献出版社 , 2025. 8. -- （鸣沙）. -- ISBN
978-7-5228-5613-1

Ⅰ . D691

中国国家版本馆 CIP 数据核字第 2025HY5206 号

・鸣沙・人文通识・

文治天下：宋朝政治文化漫谈

著　　者 / 陈　峰

出 版 人 / 冀祥德
组稿编辑 / 郑庆寰
责任编辑 / 赵　晨　窦知远
责任印制 / 岳　阳

出　　版 / 社会科学文献出版社・历史学分社（010）59367256
　　　　　　地址：北京市北三环中路甲29号院华龙大厦　邮编：100029
　　　　　　网址：www. ssap. com. cn
发　　行 / 社会科学文献出版社（010）59367028
印　　装 / 北京盛通印刷股份有限公司

规　　格 / 开　本：889mm×1194mm　1/32
　　　　　　印　张：7　字　数：141千字
版　　次 / 2025年8月第1版　2025年8月第1次印刷
书　　号 / ISBN 978-7-5228-5613-1
定　　价 / 69.00元

读者服务电话：4008918866